Corinna Hauswedell

»Bücher sind auch Menschen ...«

Geschichten aus einem Hamburger Garten
1953–1963

Für Hannes, der diese Großeltern
leider nicht kennengelernt hat,
und für Nane, Be und andere,
die damals Freud und Leid teilten.

... aufgewachsen als Tochter wohlhabender Leute ...
(frei nach Bertolt Brecht)

Prolog

Er hatte die Form einer Acht.

Die riesige »Blutbuche«, die auf einem kleinen Hügel im oberen Rund der Acht stand, war nach allem, was wir wussten, fast zweihundert Jahre alt. In ihrem Schatten saß ein kleiner steinerner Löwe und überblickte den Garten. Der Stamm der Buche, hinter dem man sich zu zweit verstecken konnte, ohne von der Hintertür des Hauses aus gesehen zu werden, hatte ungefähr einen Meter über dem Boden – in Kinderaugenhöhe – eine dicke Wulst. Es sah so aus, als sei der Baum in seiner Jugend einmal abgeschnürt worden, um dann umso kräftiger weiter zu wachsen. Oberhalb der Wulst waren in die grau-silbrige, mal narbige und mal glatte Rinde vielerlei Buchstaben, Zahlen, zwei Herzen sowie einige weniger verständliche Zeichen eingeritzt, deren Urheberschaft, Sinn oder Zufälligkeiten immer wieder unsere Phantasie beflügelten: Wer hatte sich wann in die Baumrinde eingetragen und verewigen wollen? Hatte die Buche immer in einem Garten gestanden? Wie hatte ihr Leben angefangen, was hatte sie gesehen?

Nicht in jedem Jahr warf der Baum Bucheckern ab; und nicht immer war in den braun-glänzenden dreikantigen Schalen auch etwas drin. In den fruchtbaren Jahren lohnte es sich, nach der Schule und vor dem Mittagessen schnell in den Garten zu laufen und ein paar Bucheckern zu knacken; der nussige Geschmack auf der Zunge gefiel, die feinen Härchen dagegen spuckte man lieber aus. Von der leichten Giftigkeit dieser Nüsse war uns damals nichts bekannt.

Einmal herumlaufen auf dem Sandweg der Acht, rund um den Rasen mit der Buche und weiter zu den Esskastanien auf der rechten Seite, dann anhalten am Rosenbeet in der Mitte, den Schulranzen abwerfen und sich auf der Wiese im zweiten Rund der Acht ins Gras fallen lassen. Es fühlte sich gut an, auf dem Rücken liegend in den Himmel zu gucken, der in Hamburg oft blau und weiß war und manchmal auch grauschwarz. Man selbst war leicht, aber mit Bodenhaftung. Die Geräusche des Nachbargartens, wo auf zwei Tennisplätzen bei fast jedem Wetter gespielt wurde, wirkten wie eine mechanische Begleitmusik – plopp, plopp – hopp, hopp, hopp – stopp.

»Essen kommen!« Das Rufen der Mutter unterbrach die Gedanken.

Er hatte die Form einer Acht[1] und war der Garten meiner Kindheit.

---

[1] Die Zahl Acht bedeutet im Judentum den Übergang von der Zeitlichkeit in die Überzeitlichkeit, die Anbindung der Diesseitigkeit an die Transzendenz. Sie hat Brücken bauenden Charakter. In der christlichen Zahlensymbolik des Mittelalters ist die Acht die Zahl des glücklichen Anfangs. Im altchinesischen Yijing, Buch der Wandlungen, spielt die Acht eine ordnende Rolle.

I

Hortus conclusus

Der Garten bot auf eine seltsam umfassende Weise Schutz. Er war Hort vor einer Außenwelt, die im Alter von fünf oder sechs Jahren noch einen begrenzten Radius besaß und insofern kaum etwas Bedrohliches hatte. Die schrecklichen Spuren, die der Zweite Weltkrieg vor weniger als zehn Jahren auch in Hamburg hinterlassen hatte, waren in den Villen und Gärten an der Außenalster nicht sichtbar. Der gerade begonnene Kalte Krieg war noch imaginär – Korea, Indochina und Iran weit weg. Oder doch nicht ganz so weit weg? Wenn der Vater – selten – in den Garten kam, hörte man ihn manchmal eine Melodie pfeifen, die lustig klang und aus einem Kriegsfilm stammte, den *River-Kwai-Marsch*.

Schutz bot der Garten auch vor der eigenen Innenwelt. Dazu zählte das wenig geliebte Kinderzimmer mit dem schönen, von einem französischen Künstler gemalten Kasperle-Theater und der blauen Spieltruhe mit den »Luftschiffen«, aber auch mit den manchmal schlechten Träumen und einer Enge, die nicht so recht zu der Großzügigkeit des bürgerlichen Elternhauses zu passen schien. In dem weißen Gründerzeitbau – »goldener Schnitt«, wie der Vater nicht ohne einen gewissen Stolz zu bemerken pflegte, obwohl es sich um ein gemietetes Haus handelte, das uns also nicht gehörte – war ein Erfolg versprechendes Buch- und Kunstauktionsgeschäft im Parterre mit der schöngeistigen Privatsphäre in den hohen Räumen des ersten Stockwerkes eine fast unauflösbare Symbiose eingegangen. In der zweiten Etage wohnte ein sehr viel älteres Ehepaar. Beide gingen am Stock und waren mir, wenn wir uns im Treppenhaus begegneten, etwas unheimlich. Sein Stock klopfte immer etwas zu laut und insistierend, wie ich fand, auf die Holzstufen.

Das Fenster meines Kinderzimmers ging ebenso wie das danebenliegende Elternschlafzimmer zum Garten hinaus. Die blau-bunten Vorhänge beiseitezuziehen, »um ein bisschen frische Luft hineinzulassen«, wie unsere Mutter sagte, und dann in den Garten zu schauen, war eine Vorstufe zu der Vorstellung in meinem Kopf, einfach hinaus und über die beiden Rasenflächen der Acht fliegen zu können.

Denn das eigentliche Leben fand ja draußen statt, unten im Garten. In den verschiedenen, etwas wild belassenen Blumenbeeten am Rande der Acht gab es viel zu entdecken: zum Beispiel Kapuzinerkresse. Das waren meine Lieblinge, vor allem wegen der Regentropfen, die sich in der Mitte der grünen, von Adern durchzogenen Blätter, wo diese im Schaft zusammenlaufen, sammelten und dort oft bis zum nächsten Morgen wie gläserne Perlen hängen blieben. Der Name Kapuzinerkresse gab Rätsel auf. Welchen kleinen Wesen dienten diese fast schwebenden, kurzlebigen gelben und orangeroten Blüten als Kapuzen?[2] Die Frage blieb damals unbeantwortet im Garten liegen – wie die Blüten selbst, wenn sie verwelkt vom Stiel gefallen waren. Es waren noch nicht die Zeiten des Hobbits und der Elfen und es sollte auch noch dauern, bis in den gourmethaltigen 1980er Jahren die Kapuzinerkresse als Dekoration oder Geschmacks-Aperçu für den Salat wiederentdeckt wurde.

Das Rosenbeet zwischen den beiden Rasenflächen der Acht war der Stolz der Mutter. Gepflegt wurde es allerdings von einem manchmal etwas mürrischen, älteren Gärtner. Er kam regelmäßig etwa einmal im Monat und brachte im Herbst, wenn die Laubmengen überhandnahmen, manchmal noch zwei junge Helfer mit, die wir Mädchen sehr viel spannender fanden als den knurrigen Alten. Hier konnte man flirten üben, indem man in die gerade zusammengeharkten Blätterhaufen sprang und sich erst ein augenzwinkerndes »Hey, lass den

---

[2]   Der Gattungsname Tropaeolum leitet sich vom griechischen Begriff Tropaion ab, der ein antikes Siegessymbol bezeichnet, ein Gerüst, das mit Waffen besiegter Gegner behängt war. Den großen Botaniker Carl von Linné erinnerte die Form der Blätter an einen Schild und die Blüten an einen Helm.

Quatsch!« und dann auch schon mal eine kleine Balgerei einhandelte. Besonderen Spaß machte es uns, von den eleganten, langstieligen Rosen einige Dornen abzuknipsen, auch weil sie als kleine, unsichtbare Waffen im Spiel gegeneinander einsetzbar waren. Man musste dafür ganz schön dicht herangehen, fast in das Beet hineintreten und dabei in Kauf nehmen, an anderer Stelle gestochen zu werden. Abends in der Badewanne waren die Spuren dieser Aktivitäten verräterisch und hatten kleinere Strafpredigten zur Folge.

Duplizität der Fälle

Eines Tages fand sich unter der Kapuzinerkresse eine griechische Landschildkröte. Sie war dabei, sich ihren Weg unter den Blättern hinaus in Richtung Wiese zu bahnen. Dies war ein denkwürdiges Ereignis, das sich um meinen sechsten Geburtstag herum abspielte. Ich erinnere es so genau, weil ich kurz zuvor eine eben solche Schildkröte geschenkt bekommen hatte. Diese hatte im Gehege eines Holzrahmens Einzug gehalten, wo sie, auf dem hinteren Wiesenrund der Acht platziert und täglich mit frischen Salatblättern versehen, auf das Ende des Herbstes und eine Überwinterungsmöglichkeit wartete. Woher war die zweite Schildkröte gekommen? Und warum erschien sie gerade jetzt? Vater sagte am Mittagstisch etwas von einer »Duplizität der Fälle«, was ich nicht ganz verstand. Vom »Himmel gefallen« war die zweite Schildkröte jedenfalls nicht. Wir untersuchten das Beet und die Grenze zum Nachbargrundstück, aber es fand sich außer einer kleinen Öffnung im Zaun keine wirkliche Erklärung. Ich holte die Gastschildkröte in das Gehege und einige Tage erfreuten sich die beiden Tiere an der neuen Gesellschaft und machten sich gemeinsam über den dargebotenen Salat her. Die zugelaufene Schildkröte war etwas größer und schien in der Lage zu sein, den Holzrahmen des Geheges mit ihrem Panzer etwas anzuheben. Dies fand ich besorgniserregend, zumal die Eltern zunächst für kein ernsthaftes Gespräch über Abhilfemaßnahmen zur Verfügung standen. Zwar schienen die Bewegungen beider Schildkröten langsamer zu werden – die Novembernächte in Hamburg wurden zusehends grenzwertig, zumindest für die Wechselwarmen. Aber dann hatten wir zu lange gewartet. Eines Morgens war das Holzgehege leer, beide Schildkröten entlaufen und auch nach einer umfangreichen Suchaktion nicht wiederzufinden. Ich erinnere nicht mehr genau, ob die Trauer oder das Erstaunen über diesen Verlust schwerer wog. Ich rätselte, wie es sein konnte, dass so existenzielle Vorgänge wie das unerwartete Auftauchen und ebenso endgültige Verschwinden von Lebewesen mit einer solchen Langsamkeit vonstattengehen konnten – beinahe als hätte man zusehen können, wäre man dabei gewesen. Der Garten war dabei. Und manchmal beneidete ich ihn für seine immer während Anwesenheit, die ihn schon zum Zeugen so vieler kleiner und großer Vorgänge hatte werden lassen.

Die Eltern waren 1952 mit meiner fünfjährigen Halbschwester in das schöne Haus mit dem Garten eingezogen; im November 1953 kam ich dazu. Gerade war die Doppelhelix-Struktur der DNA entdeckt worden, neben der Atomkernspaltung die vielleicht folgenreichste wissenschaftliche Entschlüsselung des 20. Jahrhunderts. Im März des Jahres war Stalin gestorben, der die Sowjetunion 26 Jahre lang mit eiserner Faust regiert und terrorisiert, aber auch seine Rote Armee schließlich erfolgreich gegen Hitler geführt hatte. Er hinterließ nicht nur im eigenen Land Verwirrung, Entsetzen und Streit über den Weg, den die Kommunistischen Parteien angesichts der neuen internationalen Konfrontation des Kalten Krieges einschlagen sollten. Innerhalb der westlichen Vormacht USA erreichten die antikommunistischen Hexenjagden der McCarthy-Ära einen Höhepunkt, zu deren zahlreichen Opfern auch der »Vater der Atombombe« Robert Oppenheimer gehörte. In der DDR kam es am 17. Juni desselben Jahres zu einem Arbeiteraufstand gegen den sowjetnahen Kurs der SED-Führung. In Kuba begann mit entgegengesetzten Vorzeichen der Aufstand der Gruppe um Fidel Castro gegen das Batista-Regime. Alle diese widerstreitenden Ereignisse sollten mein späteres Leben stärker prägen, als im Jahr meiner Geburt zu ahnen war.

II

Einswerden mit dem Garten

Es gab diese Momente im Herbst, meiner Lieblingsjahreszeit: Wenn genug Laub und heruntergefallene Äste zusammengeharkt und zu einem großen Haufen aufgetürmt waren, wurde auf der freien Fläche am unteren Ende der Acht ein Feuer gemacht. Wir standen gespannt darum herum und warteten, bis die Flammen hochschlugen und beinahe den überhängenden Ahornbaum berührten. Es knisterte und zischte. Ein kurzer Schreckmoment. Aber die Flammen fanden am Boden genug Nahrung. »Darf ich Kartoffeln holen?« Ohne die Antwort der Mutter abzuwarten, rannte ich ins Haus, rauf in die Speisekammer neben der Küche, wo die Holzkiste mit den Kartoffeln stand. Nur die Dicken nehmen, schnell wieder runter und nach hinten in den Garten, wo es schon dämmerte und das Feuer begann, sich in Glut zu verwandeln. »Noch etwas abwarten und die Kartoffeln nicht mitten hineinschmeißen, näher an den Rand der Glut, sonst verbrennen sie.« Jetzt hieß es geduldig sein. Die Gärtner hatten sich verabschiedet, Mutter stand noch eine Zeit lang neben dem glühenden Resthaufen und ging dann ins Haus. Diese halbe Stunde, bis es fast dunkel und kaum noch Glut zu sehen war, genoss ich – allein im Garten. Etwas unheimlich war es schon. Die Geräusche aus der Nachbarschaft waren verstummt, die Vögel auch; nur ein leichtes Rauschen der Bäume war zu hören, das eigene Atmen und das Summen der Glut. Die Kartoffeln ließen sich am besten mit Hilfe von kleinen Stöckchen herausholen; mit ihren verkohlten Schalen waren sie kaum wiederzufinden. Erst zum Abkühlen beiseite rollen und dann auf das Brett, das mit Messer, Löffel und etwas Butter auf einem Hocker neben dem Feuer lag. Das Auskratzen der weichen, weißgelben Kartoffelmasse war kaum möglich, ohne pechschwarze Finger zu bekommen, die man am besten gleich mit ableckte. Hmmm. Auf der Zunge blieb ein unvergleichlicher Geschmack – nach Erde, Asche, Rauch und Abenteuer, der damals im Garten geboren wurde ...

Schnupfenmännchen und Ohrenbäumchen

Im Kinderzimmer gab es diesen immer wiederkehrenden Traum: Ich liege im Bett, weiß nicht, ob ich wache oder schlafe. Die Vorhänge wölben sich – bläst der Wind sie auf? Herein fliegt ein kleines hutzeliges Männchen im Schneidersitz und lässt sich, viel zu eng an mir dran, auf meiner Bettkante nieder. Mit sich führt der Gnom eine braune Ledertasche, wie ich sie von unserem Kinderarzt kenne. Die Tasche und der schreckliche Kerl sind fast gleich groß; er muss sich über den Metallrahmen in die Tiefe der Tasche versenken, um die Spritze hervorzuholen, die er mir, inzwischen in einem Zustand von Angststarre gefangen, verpasst. Ich weiß nicht mehr, an welche Stelle des Körpers das schreckliche Ding mit dem Tröpfchen an der gefährlichen Spitze appliziert wurde, will es auch nicht wissen.

Er schließt die Tasche und schwebt mit ihr hinaus durch die sich öffnenden Gardinen. Als ich versuche seinen Abgang zu verfolgen, die Augen über Kopf hinter mich gerichtet, streift mich sein eisiges, hämisches Grinsen.

Abends wurde meiner Schwester und mir manchmal aus den *Schönsten Gute Nacht Geschichten* vorgelesen. Es war ein kleiner, schwarzblauer Band, 1951 in Lizenz im Otto Maier Verlag erschienen. Die Heldinnen und Helden der kurzen, liebevoll von Jella Lepman gesammelten Geschichten waren als wunderbar satyrische Miniaturen auf dem Buchtitel zu sehen, gezeichnet von Günther Strupp, einem der frühen Bild-Animateure im deutschsprachigen Raum. Fast auswendig kannten wir nach einer Weile unsere Lieblingsgeschichten: Kaufmann Krübbelke, der sich selbst nach Ladenschluss in einem Sack neben seinen Würsten hinter die Theke hängte; oder die Himmelblaue Katrin, eine Straßenbahn, die nachts allein und ohne Fahrgäste durch die Straßen sauste. Ich glaube nicht, dass das Schnupfenmännchen, das in der Regenrinne saß und aus der Nase tropfte, schuld war an dem schlechten Traum vom Spritzenkobold, auch wenn die Figuren sich ein wenig ähnelten. Die Gute-Nacht-Geschichten hatten eher etwas Tröstliches, das wiederholte Lesen derselben Texte wirkte Vertrauen einflößend. Die für die 1950er Jahre typische, zuweilen mit einem drohenden Zeigefinger ausgestattete Pädagogik fiel uns nicht besonders negativ auf, und ein bisschen Gruseln gehörte dazu. Wir richteten uns aus dem Kopfkissen auf, um besser zuhören zu können und um die Spannung mit den Ellenbogen etwas abzustützen. »Noch eine, bitte, bitte«, drängelten wir unsere Mutter, die dann manchmal mit einem Lachen im Gesicht sagte: »Na gut, aber nur noch zwei Seiten.« Viel länger war die Geschichte von den Ohrenbäumchen, die nur wuchsen, wenn man sich nicht gewaschen hatte, ohnehin nicht. Zuweilen hatte die Mutter aber auch einen rätselhaft-traurigen Ausdruck um die Augen und sagte: »Nein, es ist spät, nun aber schnell unter die Decke und schlafen.« Meine Schwester schlüpfte dann aus meinem Bett in ihre Hausschuhe und ging mit der Mutter, die das Licht ausknipste, hinaus in das gegenüberliegende eigene Schlafzimmer. Danach kam dann manchmal der unerwünschte Besucher durch die Gardine. Im Traum glaubte ich auch ab und an ein Schluchzen zu hören, das aus dem Elternschlafzimmer zu kommen schien.

Die klassischen Märchen der deutschen Romantik, der Gebrüder Grimm oder auch von Wilhelm Hauff, luden zu gedanklichen Ausflügen in unterschiedliche Richtungen ein: Exotisch fanden wir die Geschichten des Scheich von Alessandria, der uns in den Orient führte; vertrauter fühlte es sich da schon im *Wirtshaus im Spessart* an; etwas rätselhaft blieb *Das kalte Herz*, eine

Erzählung von verletzter Seele und Liebessehnsucht. Manche dieser Geschichten waren nicht so gut für die Nacht – zu schaurig; vielleicht waren sie auch nicht so geeignet für Kinder. Aber sie gehörten zum Vorlesereepertoire bei Krankheiten und an langen Regentagen, von denen es in Hamburg nicht wenige gab.

III

Schwester geht

Hatte sie mich nicht gerade noch in diesem eierschalenweiß lackierten, runden Korb-Kinderwagen beim Kriegerdenkmal abgestellt und zum Gruß eine Faust gehoben? Aber nein, daran kann ich mich ja gar nicht erinnern. Aber dass wir einige Jahre später alle unsere *Steiff*-Tiere im hellen Sonnenschein in den Garten schleppten und auf dem Gartentisch aufbauten – den Tiger neben dem Bären, die Giraffe gestützt auf einen Hasen, daneben die kleine Eule, auf dem Rücken des Füchschens reitend, und wir beide in dem animalischen Haufen verschwanden und nur unsere Köpfe rausschauten – daran erinnere ich mich gut und gerne. Sicherlich auch, weil es davon ein so schönes Foto gibt. Da war meine fast sieben Jahre ältere, im »Hungerwinter« 1946/47 geborene Halbschwester – wir hatten dieselbe Mutter, aber verschiedene Väter – eine richtige, ganze Schwester, und das war schön.

Meine Schwester und unsere Mutter hatten oft Streit. Worum es dabei ging? Im Einzelnen verstand ich es nicht, aber die Stimmung war dann gedrückt – Wut und Trotz auf beiden Seiten. Eine wirklich schreckliche Szene habe ich nie vergessen. Ich spielte in meinem Zimmer und hörte plötzlich aus dem vorderen Teil der Wohnung Gezanke und Geschrei, von der Mutter lauter als von der Schwester. Ich lief hin, stieß die Tür zum Zimmer der Schwester auf und sah die beiden, wie sie sich auf dem Bett prügelten. Ich traute meinen Augen nicht: Das war keine Kissenschlacht! Als sie mich entdeckten, ließen sie voneinander ab. Wer wohl stärker ist – schoss es mir durch den Kopf. Und dann sah ich, dass beiden Tränen über die Gesichter liefen; unsere Mutter verließ den Raum an mir vorbei – voller Scham. Die Schwester blieb mit hochrotem Kopf auf dem Bett sitzen – schluchzend. Kein Wort.

Bald danach waren die gemeinsamen Zeiten mit den *Steiff*-Tieren im Garten vorbei. Die zwölfjährige Schwester wurde auf eine Insel, genauer ins Carl-Hunnius-Internat nach Wyk auf Föhr verschifft – und die folgenden vier Jahre, die sie dort verbrachte, sollten für sie, wie sie wiederholt sagte, die beste Zeit ihrer Jugend werden. Es muss für sie nicht leicht gewesen sein, dass unsere Mutter ihr in der neuen Ehe keinen wirklich geschützten und geliebten Platz geben konnte. Allerdings half die Schwester der Familie, die sie, wie ich fand, so schmählich verjagt hatte, während ihres ersten

Kurzurlaubes von der Insel auf sehr tatkräftige Weise aus der Bredouille. Es war an Karfreitag 1960 und eiskalt in Hamburg – auch in der Fontenay 4. Die Zentralheizung, ein riesiger schwarzer Kohlekessel im Keller, war ausgefallen. Ratlosigkeit bei Vater und Mutter: Was tun am Feiertag, wo keiner im Keller die sogenannten »niederen Dienste« verrichtete? Die große Schwester entschloss sich nachzusehen, und ich schlich mich hinter ihr die Keller-treppe hinunter, um nichts zu verpassen. Man merkte es schon, als wir die Tür zum Heizungskeller öffneten: Es war kalt und der schwarze Kessel auch. Wir öffneten die Eisentür des Ofens – es passte ein ganzer Kopf bequem hindurch – und starrten in die Dunkelheit der Schlacke, in der nicht ein einziges Fünkchen Glut mehr zu sehen war. Mit einer Mischung aus Verwunderung und Erschrecken hörte ich, wie meine Schwester sagte: »Da hilft nichts, alles muss raus.« Und dann machte sie sich ran und stieß mit der großen Schaufel in das dunkle Loch; Hub um Hub räumte sie die Schlacke aus, bis der Kessel gähnend leer war. Jetzt neu laden: mit derselben Schaufel die Briketts vom Haufen in den Ofen, dann an-zünden, Lüftungsklappe öffnen, Ofentür schließen. Wir warteten eine Weile, lauschten an der Ofenwand, öffneten noch einmal die Tür und da kam uns plötzlich dieser muffig-warme Geruch der anbrennenden Kohle entgegen. Es hatte tatsächlich funktioniert: Der Teenager von der Nordseeinsel hatte das österliche Bürgerhaus an der Alster gerettet.

Das Zimmer rechts neben der Treppe war nach dem Umzug der Schwester auf die Insel frei geworden: Platz für meinen zwanzig Jahre älteren Halbbruder – wir hatten denselben Vater. Er absolvierte nach seiner Rückkehr aus der Internatsschule Marienau – auch er war nicht zu Hause zur Schule gegangen – eine als wenig standesgemäß empfundene Lehre bei der um die Ecke gelegenen Tankstelle der *Deutschen Erdöl-Aktiengesellschaft*, kurz *DEA*. Die Abende verbrachte er meist in seinem Zimmer mit dem Üben auf einer Jazz-Klarinette. Beim Frühstück stimmten die müden Bruderaugen unseren Vater nicht eben glücklich.

Für mich wurde der damals noch ungebräuchliche Begriff der Patchwork-Familie erfahrbar. Nach dem kaum verkrafteten Verlust meiner Teenager-Schwester stellte nun ein eigentlich erwachsener, mir kaum bekannter Twen-Bruder »seine Füße unter unseren Tisch« – mit allen Konsequenzen einer Re-Infantilisierung des jungen Mannes. Das elterliche Streiten über »... deine Tochter ...«, »... dein Sohn ...«, »... unsere Tochter ...« machte den gemeinsamen Abendbrottisch oft zu einem ungemütlichen Ort. Für das Nesthäkchen enthielt diese Situation aber auch Angebote zur Abgrenzung und Identitätsvergewisserung. Wie schon in Gegenwart der Halbschwester konnte man jetzt auch die Anwesenheit des Halbbruders dazu nutzen, mit guten Ergebnissen aus dem gerade begonnenen Schulalltag zu glänzen: Angeben mit guten Noten und Belobigungen. Das waren Themen, die beide Geschwister zu ihrer Zeit lieber gemieden hatten. Andererseits wehte mit dem Bruder auch eine neue, fremde Außenwelt ins Haus. Wenn aus seinem Zimmer nach dem Abendessen Zigarettenrauch und die klagenden Töne des Blasinstrumentes drangen, öffnete ich die Tür einen Spalt, um mich, nach einem kurzen einladenden Nicken des Musikers, leise auf dem Hocker am Fußende des Bettes zum Lauschen niederzulassen. Bewunderung und leichte Schauer des Verbotenen mischten sich hier zu einer seltsamen Vorahnung auf das Erwachsenwerden.

Irgendwie passte jedoch auch dieses Familienarrangement nicht. Mutter – sie war immerhin schon Vaters dritte Ehefrau – wirkte zusehends genervt, Vater bekam häufiger Zornausbrüche, die wenig zu seinem Naturell zu passen schienen und auch etwas mit Scham zu tun haben mochten. Scham worüber? Über den Ältesten, der die väterlich-bürgerlichen Erwartungen nicht einlösen wollte? Über sich selbst, der sich unfähig zeigte, materielle Großzügigkeit auch mit wohlwollenden Emotionen zu begleiten? Der Bruder zog jedenfalls bald wieder aus »in eine eigene Bude« und entschwand wie die Schwester aus dem gemeinsamen Alltag.

IV

Jazz?

Zurückblieb von ihm die Jazz-Musik, die nach den Verboten der Nazi-Zeit nun im Nachkriegsdeutschland wieder salonfähig wurde und sich – gemischt mit Klassik – auch auf dem Plattenspieler in unserem Wohnzimmer drehte. An Sonntagen zelebrierten die Eltern regelmäßig und mit Hilfe von Jacques Loussiers *Play Bach* eine Art antiklerikaler Messe – »In die Kirche gehen wir nicht«. Mutter liebte Louis Armstrong, Chris Barber (*Petite Fleur*) und Ella Fitzgerald genauso sehr, tauchte jedoch schon bald in die melancholischere Welt der französischen Chansons ein: »Non, je ne regrette rien«. Sie hörte die Platten von Edith Piaf und Yves Montand meist vormittags, wenn Vater unten im Geschäft war, und genehmigte sich dazu schon mal einen *Hennessy*-Cognac.

30

Dann hörte ich sie auch selbst singen, mit einer zarten Sopran-Stimme, kleine Melodien aus einer vergangenen Zeit. *O mio babbino caro* aus Puccinis *Gianni Schicchi* zum Beispiel war immer wieder dabei. Sie hatte ihren Beruf als Opernsängerin bereits in ihrer ersten Ehe während des Krieges aufgegeben, hatte die mögliche Karriere ihrem Ehemann und dem Vater meiner Schwester, einem später im Nachkriegsdeutschland angesehenen Opernregisseur, geopfert. Etwas bitter klang es, wenn sie sich erinnerte. Schließlich habe er gesagt: »Nur einer von uns kann am Theater sein ...« So hatte sie stattdessen Lieder für die deutschen Soldaten in Königsberg gesungen, während ihr Mann an der städtischen Oper der Stadt am Baltischen Meer Oberspielleiter wurde. »*Flieger, grüß mir die Sonne ...*« Auch Hans Albers gehörte zu ihrem Repertoire an Schellackplatten, das den Krieg überdauert hatte, und ab und zu mit einem leichtem Rauschen unser großes Wohnzimmer durchwehte. Wenn Mutter von den Abenden an der Kurischen Nehrung erzählte, konnten ihre Augen strahlen; es hörte sich romantisch an und gar nicht wie mitten im Krieg. Welche tieferen Gründe ihre immer wieder durchscheinende Traurigkeit hatte, konnte ich mir damals nicht erklären. Ich erfuhr erst später, dass ihre erste Tochter Susanne, die ebenfalls eine ältere Halbschwester hätte werden können, im Alter von drei Jahren und während des Krieges an Nierenversagen gestorben war. Dieses traumatische Erleben gleichzeitig mit dem Abschied von der Gesangskarriere konnte wohl reichen, um eine weibliche Psyche nachhaltig zu beschädigen.

Bei mir blieb eine Abneigung gegen Opern und Operetten zurück. Arien – gleichgültig ob von Frauen- oder Männerstimmen gesungen – haben für meine Ohren bis heute fast immer etwas Künstliches. Sie scheinen entweder zu leicht oder zu schwer für das, worum es eigentlich geht. Der Inhalt vieler Libretti bleibt im Gesang oft unverständlich hängen und scheint vom realen Leben abgehoben zu sein. Mit allen drei Beinen fest auf dem Boden stand dagegen »unser *Bechstein,*« ein schwarzer Prachtkerl von Konzertflügel, der einen prominenten Platz im Wohnzimmer einnahm. Meine Schwester übte darauf mehr oder weniger regelmäßig, zum Beispiel Etüden von Bach oder Bartók. Ob sie es gerne tat? Unsere Mutter habe ich darauf nie spielen gehört. Aber sie brachte meiner Freundin Beate und mir Tanzen bei – *Charleston.* Das ging so: an der Stuhllehne festhalten, etwas abstützen und dann nach der Melodie von *Tea for Two* die Beine anwinkeln, anheben und nach außen drehen, *twist the feet* ... Plötzlich verbreitete sich Lebensfreude pur in der Wohnung. *Roaring Twenties.* Eine glückliche Mutter. Das war ansteckend – und ich begann zu spüren, wenn auch nicht zu verstehen, dass Freude und Traurigkeit unerwartet nah beieinander liegen können. Widersprüchliche Gefühle schienen zum Leben zu gehören, zumindest für die Mutter. Eine kleine Winterreise, die sie mit mir allein in das mondäne Schweizer Ski- und Wanderdorf Gstaad unternahm, verstärkte diesen Eindruck. Ich meine zu erinnern, dass es schon März war, denn die Sonne brachte den Schnee auf den kleinen Fußwegen zwischen den *Chalets* zum Schmelzen. Überall roch es schon nach dem Kuhmist, der vor den Heuschobern leise dampfend zum Vorschein kam. »Herrlich, die Landluft ...« oder »Wie schön die Berge ...« und »Hörst du, die Vögeln zwitschern schon ...«, waren euphorische Ausrufe der Mutter, die mit Nase, Augen und Ohren ihre Umgebung aufsog. Aber die Haut einer Rothaarigen war zu empfindlich für die Märzsonne; trotz sorgfältiger Behandlung mit einer weißen Schutzcreme, die die hübsche Mutter täglich in einen Clown verwandelte, begann sie in der kurzen Woche, die wir in Gstaad verbrachten, einen Ausschlag rund um Mund und Nase zu entwickeln, der auch Wochen später in Hamburg nicht verschwinden wollte. So mochte sie sich nicht zeigen bei den zahlreichen Anlässen, wie zum Beispiel den Vorbesichtigungen für die kommenden Auktionen, bei denen Vater seine Frau gern in den Geschäftsräumen präsentierte.

Amerika

Eines Tages, im Sommer 1959, begann eine Geschäftigkeit im Haus, genauer gesagt in der Wohnung, die beide Elternteile in ähnlicher Weise involvierte: Koffer packen. Es waren nicht die mir aus Urlaubsreisen bekannten, normalen Koffer. Wir fuhren jeden Sommer auf die dänische Nordseeinsel Fanö in das Haus eines aus Hamburg emigrierten Künstlers – dorthin aber eher mit kleinem Gepäck. Diesmal handelte es sich um Kästen, fast in Größe einer Truhe, wie ich sie nur aus Robert Louis Stevensons *Schatzinsel* kannte. Phantasien, Neugier – und Angst – liefen in meinem Kopf um die Wette: Wo wollten Mutter und Vater hin? Und ohne mich? »Mein liebes Schätzchen,« wurde ich bald beiseite genommen, »Mami und Papi fahren mit einem großen Schiff nach Amerika. Da kannst du leider nicht mitkommen, aber du darfst uns zum Schiff bringen und danach wartet zu Hause eine schöne Überraschung auf dich.« Der Frachter der *Hapag-Lloyd* stand an den Landungsbrücken bereits unter Dampf, als wir die Reling hinaufkamen, und ich sah, dass außer den zwölf Passagieren, zwei davon waren meine Eltern, auf Deck auch zahlreiche Käfige mit den unterschiedlichsten Tieren standen. Es gab Papageien und Wellensittiche, eine Riesenschlange, mehrere Hundearten und Affen, Meerkatzen und Totenkopfäffchen, die mich sofort an Herrn Nilsson, den ich von Astrid Lindgren kannte, erinnerten, turnten hinter den Gittern und kicherten mich an. Es fühlte sich an wie Schadenfreude. Wieso durften die alle mit und ich nicht? Ich weiß noch, dass ich sehr geweint habe, als ich an der Hand der Patentante, die mich während der Abwesenheit der Eltern betreuen sollte, die Reling wieder hinunterstolperte – bloß nicht mehr umdrehen. Das dreimalige Tuten des auslaufenden Frachters blieb lange in meinem Ohr. Amerika war weit weg – und wurde ein Sehnsuchtsort für mich.

Als ich zu Hause ins Wohnzimmer kam, hing dort eine Schnur mit 28 Päckchen für mich zum Aufmachen – eins für jeden Tag der langen Reise der Eltern. Das erste öffnete ich sofort. Es war ein Röhrchen mit *Pustefix*-Seifenblasen; ich verbrachte den Nachmittag im Garten damit, bis das blaue Fläschchen mit dem gelben

Bären leer geblasen und die Gedanken weggeschwebt waren. Eins der letzten Päckchen kurz vor der Rückkehr der Eltern, es war schon eher ein kleines Paket, enthielt den dritten Band von *Pippi Langstrumpf – Pippi in Taka-Tuka-Land*. Das starke, kluge Mädchen aus Schweden mit dem Pferd auf der Veranda sollte wie für manche andere Mädchen meiner Generation zur Heldin werden; für mich war sie das ganz besonders, denn ich war rothaarig und hatte Sommersprossen – wie Pippi.

Die Reisetruhe der Eltern enthielt bei ihrer Rückkehr neue Jazz-Platten und schicke Kleider für Mutter; Vater hatte gute Geschäftskontakte im Gepäck, wie er nicht ohne Stolz erzählte. Geknüpft in New York, wo auf allen Tastaturen »*life and business*« gespielt wurde. Amerika war großartig; die *West Side Story* erst zwei Jahre alt.

V

Durchgemogelt?

Wie die Musik und ihre Interpreten kamen auch die großen Finanz-investitionen für das kriegsversehrte Europa zunächst vornehmlich aus den USA und entfachten, nicht ganz uneigennützig, ein Wirtschaftswunder, in dem auch das Kunstgeschäft schnell wieder aufblühte. Vater verfügte über einschlägige Erfahrungen aus dem Buch- und Kunsthandel der Weimarer Zeit. 1927, kurz vor dem großen Crash der Weltwirtschaft, hatte er mit anderen Kollegen den *Deutschen Buch-Club*, einen gut gehenden Verlag mit Antiquariat, gegründet, der relativ unbeschadet durch die Depression kam. Vielleicht waren es die Rückzüge auf das Schöngeistige des Buchwesens, die es ihm ermöglichten, auch die nachfolgenden Jahre der Nazi-Herrschaft und den Krieg weitgehend unbeeinträchtigt und unversehrt hinter sich zu lassen. Seine Verlags- und Auktions-tätigkeit sind ohne Unterbrechung für die Jahre 1927 bis 1945 und die folgenden Jahre dokumentiert.[3]

Überliefert ist ein Schreiben an ihn von der Reichskulturkammer aus dem Jahr 1943. Darin wird mahnend konstatiert, dass die Versteigerung vom Februar 1943 »Werke entarteter Kunst« enthalten habe und dies künftig zu unterlassen sei, da sonst seine »Zuverlässigkeit gemäß §10 der Ersten Durchführungsverordnung zum Reichskulturkammergesetz vom 1.11.1933 einer Prüfung zu

---

[3] Dr. Ernst L Hauswedell, Ein Arbeitsbericht 1927-1981, Hamburg 1981. Der Hinweis auf den Katalog der indizierten Auktion findet sich auf, S. 99, Auktion 26 am 19. und 20. Februar 1943.

unterziehen« sei. Der Briefwechsel ist leider nicht vollständig erhalten; die Einlassung des Vaters, er habe nicht immer die Zeit, alle Auktionseinlieferungen eingehend zu prüfen, und ein »Verzeichnis der Werke entarteter Kunst« existiere nicht, lässt sich nur implizit aus dem Reichskammerschreiben rekonstruieren.[4]

Das im Bild wiedergegebene Schreiben lautet:

DER BILDENDEN KÜNSTE

Blumeshof 4--6
Fernruf: 32 92 71
Postscheck-Konto: Berlin 144430

AKTENZEICHEN: **ID KA 1121/105**

(In der Antwort anzugeben)

Herrn
Dr.Ernst Hauswedell
H a m b u r g 36
Esplanade 43

Betr.: Versteigerung vom 19./20.2.1943.
Zu Ihrem Schreiben vom 29.4.1943.

Die in Ihrem obigen Schreiben gemachten Ausführungen zu der vom Reichspropagandaamt Hamburg erhobenen Beschwerde über die in Ihrer obigen Versteigerung enthalten gewesenen Werke entarteter Kunst entlasten Sie nicht. Wenn Sie, wie Sie in Ihrem Schreiben angeben, durch dienstliche Jnanspruchnahme nicht in der Lage sind, die Aukti onsvorbereitungen in allen Einzelheiten überwachen zu können, ist es unverständlich, daß Sie bei der Einreichung Ihres Versteigerungs antrages trotzdem die Erklärung abgegeben haben, daß sich keine Werke entarteter Kunst darin befinden. Ein Verzei chnis über Künstler, die Werke entarteter Kunst geschaffen haben oder ein Verzeichnis über Werke entarteter Kunst gibt es nicht und ist auch nicht herzustellen, da nicht der Künstler sondern nur das Werk als entartet bezeichnet werden kann und somit jedes Werk von Fall zu Fall im Sinne der nationalsozialistischen Kunstausrichtung zu überprüfen ist. Jch ersuche Sie daher, in Zukunft die Zusammenstellung Ihrer Versteigerungen mit größerer Sorgfalt vorzunehmen, da ich mich sonst gezwungen sehen würde, Jhre Zuverlässigkeit gemäß § 10 der Ersten Durchführungsverordnung zum Reichskulturkammergesetz vom 1.11.1933 (RGBl. I S.797) einer Prüfung zu unterziehen.

Jm Auftrag

gez. M a

Beglaubigt:/

---

[4] Das bezeichnete Schreiben der Reichskulturkammer fand sich erst vor wenigen Jahren und lange nach Vaters Tod in einem Familienarchiv.

Ob er seinerzeit dem Schreiben Folge leistete oder, wie der Text vermuten lässt, sich eher durchmogelte, so wie manche andere Zeitgenossen auch, oder möglicherweise sogar »Judengut«[5] in seinen Auktionen versteigerte und dabei Sanktionen vermeiden und der NS-Bürokratie das eine oder andere Schnippchen schlagen konnte, ist mir nicht bekannt. Wir haben – seltsamerweise auch nicht später in den bewegten 1968er Zeiten – wirklich über sein politisches (Er)leben während der Zeit des Faschismus gesprochen. Es ist schwer vorstellbar, dass er nicht Zeitzeuge der beiden Bücherverbrennungen in Hamburg geworden war, die am 15. Mai 1933 am Kaiser-Friedrich-Ufer und vor größerem Publikum nochmals am 20. Mai desselben Monats am Lübecker Tor unter dem Johlen der SA-Studenten stattgefunden hatten. Was mochte in dem Bücherliebhaber damals vorgegangen sein? In der unregelmäßig erscheinenden *Information* des *Deutschen Buch-Clubs* wurden auch nach 1933 noch verfemte Autoren wie Arnold oder Stefan Zweig und andere angeboten; in der Frühjahrsausgabe von 1933 etwa konnte man lesen: »Der Geist, der Geist ist, hat andere Aufgaben als dem Trommelschritt der Staatsgewalt zu applaudieren [...] Angewidert vom Dunst der Aufgeregten, der heiseren Kehlen der Benebelten, auf deren Seite jedes Recht sogleich zweifelhaft wird, hält er sich abseits.«[6] Diese Zeilen stammten vermutlich von Vaters jüdischem Freund und Kollegen Arno Schirokauer, den er, wie ich erst jüngst erfuhr, 1938 für einige

---

[5] Als solches wurden z.B. 1941 nach Beschlagnahme durch die Gestapo wesentliche Teile des Kunstbesitzes der Kunsthistorikerin und Sammlerin Rosa Schapire, die erst 1939 von Hamburg ins Londoner Exil geflohen war, versteigert; vgl. Jan Bürger, Zwischen Himmel und Elbe, Eine Hamburger Kulturgeschichte, München 2020, S.136.

[6] Heinz Sarkowski, Der Deutsche Buch-Club, in: Ernst Hauswedell 1901-1983, Herausgegeben im Auftrag der Maximilian-Gesellschaft von Gunnar A. Kaldewey, Hamburg 1987, S.30.

Tage bei sich in Hamburg beherbergte, bevor dieser über Kuba in die USA emigrieren konnte.

Vaters privates Leben wies allerdings – auch schon während der Nazi-Zeit – Zerrissenheit auf, die seine Nächsten zum Teil schmerzhaft zu spüren bekamen: Seine 1937 von ihm geschiedene erste Frau »Lore« (Leonore), eine Jüdin, hätte es an der Seite des hanseatischen Kaufmannes sicher leichter gehabt. Stattdessen musste sie mit »zwei halbarischen Söhnen« schwerste Erniedrigungen auf sich nehmen. Während des Krieges in Hamburg bedeutete dies Verleugnung ihrer Herkunft, ständigen Wohnungswechsel und Entbehrungen aller Art. Leonore und ihre beiden Söhne konnten zwar der großen Deportation Hamburger Jüdinnen und Juden, die am 25. Oktober 1941 auf der Moorweide vor dem Dammtor von den Nazis in Szene gesetzt ihren Ausgang nahm,[7] entgehen. Ihre Mutter aber starb 1942 im Warschauer Ghetto an Lungenentzündung. Ihr jüngerer Sohn Christoph, von dem immer ein Foto auf Vaters Nachttisch stand, überlebte 1948 eine unerkannte Blutvergiftung nicht; die medizinische Versorgung, so schrieb Leonore, sei noch von der Nachkriegsmangelsituation geprägt gewesen.[8]

Lange persönliche Gespräche, die ich mit Lore in den späten 1970er Jahren führen konnte, ließen diese erschütternden

---

[7] Von der Deportation zeugt erst seit 1982 ein Mahnmal zwischen der Edmund-Siemers-Allee und der Moorweidenstraße.

[8] Die Informationen sind maschinenschriftlichen biographischen Aufzeichnungen von Eleonore Hauswedell entnommen.

Wahrheiten deutscher Geschichte aus einem Schatten treten, der rückblickend wenig schmeichelhaft mit den hellen Tagen des Wiederaufbaus der 1950er Jahre kontrastierte. Ihr älterer Sohn, mein Klarinette spielender Halbbruder, für den das Haus mit Garten nur eine kurze Durchgangsstation gewesen war, ließ trotzdem nie etwas auf unseren angesehenen Vater kommen. Kurz vor dem Beginn einer Demenz im Frühjahr 2020 erinnerte sich der Bruder allerdings, »wie unendlich schwer und traurig diese Kriegsjahre ohne den Vater gewesen waren …«

Vater hatte sich bald zu einer zweiten Ehe entschlossen, dieses Mal mit einer älteren Frau, die ihrerseits einen Sohn mitbrachte. Dieser erhielt auf Wunsch seiner Mutter auch unseren Familiennamen, ohne allerdings adoptiert zu werden. Er stammte aus der Verbindung der Mutter mit einem im Spanischen Bürgerkrieg 1937 gefallenen Interbrigadisten. Diese klammheimliche Geschichte über den katholisch-kommunistischen Vater meines neuen Stiefbruders sollte ich erst viel später erfahren – nicht von ihm selbst, dem das eher etwas peinlich oder sogar ehrenrührig erschien, sondern von seiner Mutter. Als mich zu Beginn der 1970er Jahre mein Interesse an sozialistischen Bewegungen neugierig genug machte, um Konventionen wie die Kontaktsperre zu der Geschiedenen zu durchbrechen, erfuhr ich also, dass es antifaschistischen Widerstand offenbar in der angeheirateten

Familie gegeben hatte, wenn auch nicht auf deutschem, sondern auf spanischem Boden und lange vor meiner Zeit. Über vieles sprach man eben einfach nicht.

Im Kriegssommer 1943, genauer in den letzten Juli- und frühen Augusttagen, durchlitt Hamburg einen infernalischen Feuersturm, der die halbe Stadt in Schutt und Asche legte. Die Tausenden zusätzlich als Flakhelfer eingesetzten, meist ganz jungen oder eben älteren Bürger, zu denen auch unser Vater gehörte (er war 1941 vierzigjährig zur Wehrmacht »einberufen« worden), konnten nicht verhindern, dass mehr als die Hälfte der Wohnungen und Häuser zerstört wurden und über 40 000 Hamburgerinnen und Hamburger ihr Leben verloren. Die schweren britischen und amerikanischen Bombenangriffe auf Hamburg trugen zwar mit der »Operation Gomorrha«[9] ihren Teil zum Ende von Hitlers Herrschaft bei, aber der Nazi-Terror sollte noch fast zwei weitere Jahre wüten.

»... etwas aus der Art geschlagen ...«

Dass Vaters jüngere Brüder beide Soldaten gewesen waren, der eine 1944 in Russland gefallen, der andere, Major der Wehrmacht und später in den 1950er Jahren deutscher Militärattaché in Metropolen wie Teheran oder Kapstadt, waren keine guten

---

[9] Vgl. Ursula Büttner, »Gomorrha« und die Folgen. Der Bombenkrieg. In: Hamburg im »Dritten Reich«, hg. von der Forschungsstelle für Zeitgeschichte in Hamburg. Göttingen 2008, S. 613-632.

Themen zu Hause. Der Berufsoffizier-Onkel galt als »etwas aus der Art geschlagen«. Er lebte, wenn er nicht von Amts wegen im Ausland weilte, mit seiner Frau und zwei Töchtern in München; man traf sich nur zu den Konfirmationen der Cousinen. Militär wurde als etwas »Familienfremdes« angesehen. Ob diese, vor allem kulturell geprägte, Antipathie des Vaters dem militärischen Habitus gegenüber auch eine politische Kritik an den diesbezüglichen Weichenstellungen im Westdeutschland der 1950er Jahre einschloss, wie beispielsweise der umstrittenen Wiederbewaffnung und Gründung der Bundeswehr 1955, dem folgenden Beitritt Westdeutschlands zur NATO oder der geplanten Ausstattung der Bundeswehr mit Atomwaffen 1957/58[10], weiß ich nicht zu sagen. Für Kritik an Waffen und Militär sowie die Erforschung politischer Bedingungen für Frieden war ich noch zu jung – das sollten erst zwanzig Jahre später meine Lebensthemen werden.

Hätte man meinen Vater nach seinem Helden in der Geschichte gefragt, wäre die Antwort vielleicht Friedrich der Zweite gewesen: Der römisch-deutsche Kaiser, Staufer aus Sizilien, der (Lebens-)Kunst und Macht, Verhandlungsgeschick und Kriegführung, Gegnerschaft zum Vatikan und Liebe zu Frauen auf so exzentrische Weise zu verbinden wusste, war bei uns zu Hause sehr präsent, obwohl der Mann aus dem fernen Hoch-

---

[10] Am 17. April 1958 fand in Hamburg die größte Demonstration der Bewegung »Kampf dem Atomtod« statt. 150 000 Menschen demonstrierten gegen die Pläne der Bundesregierung, die Bundeswehr mit taktischen Atomwaffen auszustatten. Zu den Hauptrednern der Kundgebung gehörte auch der bei uns zu Hause sehr geschätzte Erste Bürgermeister Max Brauer (SPD); er etablierte durch seine Rolle in der Bewegung von Hamburg aus eine Art politischen Gegenpol gegen die Adenauer-Regierung in Bonn, die die Bewaffnung befürwortete und die nukleare Gefahr verharmloste.

mittelalter stammte. Die berühmte Biographie Friedrichs von Ernst Kantorowicz, erschienen 1927 im Georg Bondi Verlag Berlin, und sein Quellenergänzungsband lagen oft im Wohnzimmer.

Dunkel mutete dieses Buch damals an, das Signet der *Blätter für die Kunst* des Stefan-George-Kreises auf dem Buchtitel hatte zeitgeistig von Art déco auf Swastika gewechselt.

Die jüngere Schwester des Vaters, Tante Vera, lebte wie wir in Hamburg und war mit einem humorlosen Tee-Importeur und, wie ich später erfuhr, früheren NSDAP-Mitglied verheiratet. Der Schwager-Onkel blieb auch nach 1945 spröde und ohne den Witz, den Vater einer guten Kommunikation wegen für unerlässlich hielt. So hatten die seltenen Sonntagsbesuche bei der Schwester aus mehreren Gründen eher Pflichtcharakter. Allerdings gab es dort zusammen mit etwas Teegebäck den gut und stark duftenden *Darjeeling First Flush*, von dem immer auch ein Paket mit nach Hause genommen wurde und der mich weiter in meine Studienzeit begleiten sollte. Ich wurde bei Tante Vera manchmal auch zum Übernachten »geparkt«, wenn die Eltern abends »etwas vorhatten«. Die Tante, die mehr Humor hatte als ihr Ehemann, machte auf mich trotzdem oft einen etwas bedrückt-besorgten Eindruck, fast ängstlich im Schatten ihres Mannes, und lebte erst auf, als er verstarb. Kein untypisches Frauenschicksal in jener Zeit.

Irgendwie wirkte die Tante älter auf mich als der Vater, obwohl sie vier Jahre jünger war. Aber aus der Kinderperspektive war eine Mitfünfzigerin eben auch schon alt. Ein bisschen stellte ich mir so eine Oma vor. Die Eltern des Vaters und der Tante, die meine Großeltern gewesen wären, lebten »schon lange nicht mehr« und es war auch wenig von ihnen die Rede. Dabei waren die beiden – Großmutter Üte, eine sehr »kunstsinnige Frau«, wie Vater betonte, und Großvater Richard als Banker und Finanzfachmann – vielleicht an der Doppelveranlagung und den widerstreitenden Neigungen ihres Sohnes zwischen Schöngeistigkeit und Geschäftssinn nicht ganz unbeteiligt gewesen.

VI

Kunst »geht wieder«

Vater fungierte bald als kulturpolitischer Ratgeber der Hansestadt. »CDU wählt man nicht«, war seine Auffassung; seine parteipolitische Heimat wurde die in Hamburg linksliberale FDP, die nach dem Krieg bis in die späten 1960er Jahre als Juniorpartner der übermächtigen SPD die Stadt mitregierte und meistens den Kultursenator stellte. Dieses Amt wurde auch Vater angetragen, er hielt es aber mit der Führung des Auktionshauses für nicht vereinbar. Der Aktionsradius allerdings, den er als Deputierter der Bürgerschaft, einer für Hamburg und Bremen historisch besonderen Form ehrenamtlicher Partizipation, abschreiten konnte, war auch nicht zu verachten. Entscheidungen über Investitionen im Kulturbereich, Nominierungen für Ämter, kleinere und größere Weichenstellungen der Hansestadt gehörten zu seinen Aufgaben und waren zu Hause immer wieder Gegenstand von Gesprächen während der Mahlzeiten. Es war nicht zu überhören, dass es für den Vater schmeichelhaft war, mit dem Senator oder dem Ersten Bürgermeister an »Arbeitsbesprechungen« über den politischen Kurs im Rathaus oder an kulinarischen Zusammenkünften im Ratskeller teilzunehmen.

Auch enge freundschaftliche Kontakte in die neue Hamburger Medienszene gehörten dazu. Der Herausgeber der 1946 von der britischen Besatzungsbehörde lizensierten Wochenzeitung *Die Zeit*, Gerd Bucerius, hieß bei uns fast liebevoll »Buci« – man verstand sich als Teil einer wachsenden öffentlichen, ihre demokratischen Wurzeln reklamierenden Familie der Hansestadt. Dieses Gefühl übersprang auch Parteigrenzen. Bucerius zum Beispiel war zunächst Mandatsträger der eigentlich ungeliebten CDU, die er aber 1962 verließ. Ob die frühen Auseinandersetzungen in der *Zeit* über den journalistischen Spielraum für Alt-Nazis wie Carl Schmitt bei uns ein Thema waren, erinnere ich nicht. Im Zuge dessen verließ die bei uns zu Hause allerdings sehr geschätzte Marion Gräfin Dönhoff (»die Gräfin«) 1955 zeitweise unter Protest die Redaktion der *Zeit*.

Der Ruf in weitere politische und berufliche Ehrenämter führte den Vater bald auch über die Landesgrenzen Hamburgs hinaus und zu häufigen Abwesenheiten aus dem familiären Leben: beispielsweise in den Vorstand des *Börsenvereins des Deutschen Buchhandels* nach Frankfurt oder in beratende Funktionen für die *Documenta* in Kassel. 1966 erhielt er das Große Bundesverdienstkreuz. Da war die Familie schon aus dem Garten und der Hansestadt in den Schwarzwald umgesiedelt worden. Mutter und ich kamen allerdings zu den Feierlichkeiten nach Hamburg »zu Besuch«.

Papa, du bist wunderbar . . .

Frau Hauswedell nahm ihren Ehemann am Arm, und Tochter Corinna war mit ihr ganz einig: „Papa, du bist wunderbar!" Das war gestern in der Hamburger Kulturbehörde. Dr. Ernst L. Hauswedell erhielt das Große Verdienstkreuz. Nicht nur als Kunstversteigerer ist Dr. Hauswedell in ganz Deutschland ein bekannter Mann. In vielen Ehrenämtern setzt er sich seit Jahren für kulturelle Belange, vor allem in Hamburg, ein. Der Rat des versierten Kunstkenners hat viel Gewicht.

Bild-Zeitung, Hamburg, 23. November 1966

Das Auktionshaus war derweil zu einer angesehenen Adresse avanciert, in der auch zurückkehrende jüdische Emigranten als Einlieferer und Käufer verkehrten. Es ließ sich, sozusagen in zweiter Instanz, abschöpfen, was sich die Hanseaten, Alteingesessene und »Neureiche«, wie manche Geschäftskunden eher despektierlich genannt wurden, wieder leisten konnten: Inkunabeln[11], Erstausgaben der deutschen Literatur und andere antiquarische Raritäten sowie Moderne Kunst und Künstler-Autographen, vorwiegend der Expressionisten und zunächst weniger der modernen Abstrakten. Auch eine Abteilung Außereuropäischer Kunst mit exotisch-schaurigen Masken und Skulpturen aus Afrika oder Lateinamerika sowie elegant-filigranen Porzellanen aus Asien wurde etabliert. Kunst »ging wieder«. Das provokative und zugleich für Interpretationen offene Verdikt Theodor Adornos aus dem Jahr 1949, der Holocaust habe Literatur oder Kunst im Allgemeineren in Deutschland ein für allemal unmöglich gemacht, hatte begonnen sich zu widerlegen.

Zum Ersten, zum Zweiten …

Ich durfte manchmal hinten im Auktionssaal, der zum Garten hinausging, sitzen und den Handel mit Kunst und Büchern beobachten, zusehen, »wie es ging«, wenn die Preziosen unter den Hammer kamen. Vater benutzte anstelle eines Hammers meistens die Rückseite eines dünnen, dunkelgrünen Bleistiftes. Hanseatisches *Understatement?*

---

[11] Als Inkunabeln oder Wiegendrucke werden die mit beweglichen Lettern in der Frühzeit des Buchdrucks gedruckten Werke bezeichnet, zwischen der Fertigstellung der Gutenberg-Bibel im Jahr 1454 und dem 31. Dezember 1500.

»Zum Ersten, zum Zweiten und zum …«, seine Stimme bekam dann einen leicht herausfordernden, etwas höheren Ton; eine kleine Pause mit gehobenem Blick durch den Saal, ob er nicht doch ein Gebot übersehen hatte – und dann: Mit einem leichten Kopfnicken und dem Entspannung signalisierenden »Klick« klopfte er den Bleistift auf das Pult. Wieder hatte eine Kostbarkeit ihren Besitzer gewechselt. »Zum Dritten« sagte er fast nie, oder nur, wenn es sich um einen Gegenstand von besonders hohem Wert handelte; dann kam auch schon mal der kleine Hammer, schwarzer Stiel mit Elfenbeinkopf, zum Einsatz, der sonst als Ausweis der Professionalität einfach nur auf dem Auktionspult lag. Manchmal, ganz selten, hob auch ich vorsichtig die Hand zum Mitbieten; dabei ging es aber vor allem um die Gunst des Vaters, oder bescheidener, um den Versuch gesehen zu werden. Er warf mir dann von vorne ein Augenzwinkern nach hinten in den Saal zu, wo ich auf einem Graphik-Schrank hockte – das war unser ganz privat verabredetes Zeichen.

Bücher sind …

Oben in der Wohnung lagen vor einer Auktion schon einmal Shakespeares *First Folio* oder andere Raritäten auf dem Tisch im Wohnzimmer – man durfte sie anschauen, sogar anfassen, aber »ganz vorsichtig«. Auch meine etwas weniger wertvollen, aber geliebten Kinderbücher, von denen es viele gab, durften ins Wohnzimmer geschleppt und dort angesehen werden. Wenn ich aus Versehen ein Buch »auf den Kopf«, das heißt umgedreht, hingelegt hatte, oder gar »Eselsohren« beim Umschlagen einer Seite entstanden waren, erntete ich eine strenge Ermahnung des Vaters: »Bücher sind auch Menschen!« Die Betonung, wenn er das sagte, lag auf dem *auch*. Es war ein Satz, der mich als vielleicht nachhaltigster Denkanstoß des Vaters im weiteren Leben begleiten sollte: Respekt vor und ein besonders sorgfältiger Umgang mit Büchern. Allerdings erschien es mir manchmal, als würden in unserem Haus vorzugsweise Bücher und nicht immer in gleicher Weise auch Menschen mit dieser besonderen Aufmerksamkeit behandelt. Die bibliophile Emphase des Vaters erwies sich noch in einem anderen Sinne als bemerkenswert ambivalent: Bücher waren zwar »auch Menschen«, aber sie kamen eben auch unter den Hammer des Auktionators, hatten ihren Preis und verließen nach erfolgreicher Versteigerung wieder das Haus. Abschiede ohne Schmerzen? Es waren ja nur Bücher … Und sie besaßen vor allem einen hohen dekorativen Wert:

Die große Bücherwand in unserem Wohnzimmer mit einer statt-
lichen Sammlung von Erstausgaben deutschsprachiger Literatur
bleibt – neben dem Garten – das Bild meiner Kindheit, das sich
am tiefsten eingeprägt hat. Ähnlich wie die Blumen im Garten
waren auch die Bücher in der Wohnung vor allem eine Augen-
weide. Um als Inspiration zum Weiterdenken zu dienen, musste man das Buch aus dem Regal nehmen und lesen, Inhalt und
Sprache auf sich wirken, aus Büchern Literatur werden lassen.
War das gemeint mit dem Diktum »sind auch Menschen«? Oder
eher im Sinne Franz Kafkas: » Bücher [...], die einen beißen und
stechen?«[12] Ich bin mir nicht sicher, ob Vaters Buchfaszination so
existentiell und abgründig durchdrungen war wie bei Kafka. Eher
reizten ihn unkonventionelle, ins Absurde reichende Sprach- und
Textkompositionen aus Vergangenheit und Gegenwart: *Tristram
Shandy,* der Ur-Roman der Moderne aus der Feder des Iren
Laurance Sterne zum Beispiel, schmückte in einer Hamburger deutschen Erstausgabe von 1774 das Regal. Oder die experimentellen
Arbeiten Arno Schmidts an *Zettels Traum*, die Vater mit großem In-
teresse verfolgte. Die ledergebundene Vorzugsausgabe von *Goethes
Gesammelten Werken* war ein besonderes Schmuckstück seiner
Bibliothek. Einen Band aus dem Regal nehmen, sanft über den
Buchrücken streichen und ein wenig darin blättern. Dabei musste
man sich nicht unbedingt in die Aporien von Goethes Protagonisten
vertiefen. Solcher Art Eintauchen in das Innenleben der Bücher

---

12 »Ich glaube, man sollte überhaupt nur solche Bücher lesen, die einen beißen und stechen. Wenn das Buch, das
wir lesen, uns nicht mit einem Faustschlag auf den Schädel weckt, wozu lesen wir dann das Buch? Damit es
uns glücklich macht, wie Du schreibst? Mein Gott, glücklich wären wir eben auch, wenn wir keine Bücher
hätten, und solche Bücher, die uns glücklich machen, könnten wir zur Not selber schreiben. Wir brauchen aber
die Bücher, die auf uns wirken wie ein Unglück, das uns sehr schmerzt, wie der Tod eines, den wir lieber hatten
als uns, wie wenn wir in Wälder vorstoßen würden, von allen Menschen weg, wie ein Selbstmord, ein Buch muß
die Axt sein für das gefrorene Meer in uns.« (Franz Kafka, Briefe 1902- 1924, Fischer Verlag 1998, Seite 27 ff).

sollte ich erst zwanzig Jahre später gegen Ende meines Germanistikstudiums durch den großen Literaturversteher und -lehrer Karl Robert Mandelkow erlernen. In Goethes meisterhaftem Roman *Wahlverwandtschaften* etwa ist es ausgerechnet eine Gartenlandschaft, die zur aufschlussreichen Projektionsfläche für das von Liebe und Hass geprägte Beziehungsgeflecht der vier Hauptfiguren gerät.

Eine beinahe erotische Beziehung zu Büchern und ihrer Herstellung, die Verbindungen von Buch, Kunst und Typografie – das waren Motive, welche die Arbeit des Vaters als Verleger und Antiquar auch jenseits des Auktionsgeschäftes prägten. Von 1946 bis zu seinem Tod 1983 leitete er die Bibliophilen-Vereinigung *Maximilian-Gesellschaft,* zu Hause kurz »Maxi« genannt; in seinem Verlag erschienen unter anderem deren Vierteljahreszeitschrift *Philobiblon* für Buch- und Graphiksammler sowie das Jahrbuch der Auktionspreise: Schönheit und Geschäft, immer Hand in Hand, verbunden durch Sammlerleidenschaft. Die *Schiefertafel,* als Zeitschriftenprojekt zur Vorbereitung einer umfassenden Bibliographie der historischen Kinderbuchforschung begonnen und von Vaters Nichte Renate, der Tochter des gefallenen Bruders, redaktionell betreut, konnte vor seinem Tod im November 1983 nicht vollendet werden – und ist inzwischen selbst antiquarisch geworden.

Anders als vom Vater gewünscht und wiederholt erwähnt, entwickelte ich keine Ambitionen, in sein Buch- und Kunstgeschäft einzusteigen. Aber bis auf den heutigen Tag halte ich Bücher in Ehren und werfe sie nie weg. Ich liebe es durch Buchläden zu streifen, kaufe und sammle Bücher, staple sie in Haufen um mich herum, wenn die Regale nicht ausreichen; beginne zu lesen, lege beiseite; markiere Wichtiges bei der Spurensuche nach »roten Fäden«. So entstehen Gedankenstränge und unerledigte Themenberge. Wie im Elternhaus erfahren, liebe ich auch den haptischen Umgang mit Büchern. Anfassen, anschauen, blättern, dann lesen und weiterdenken. Digitale Reader können das nicht bieten. Bücher sind auch Menschen, weil sie deren ver-dichtete Leben enthalten. Ethik und Ästhetik sind so für mich eine lebenslange Liaison eingegangen – nicht ohne Widersprüche – Vater sei dank!

VII

Land unter

Wenn es viel geregnet hatte, änderte der Garten seinen Aggregatzustand. Am hinteren Ende der Acht sammelte sich dann so viel Wasser, dass man dort Floß fahren konnte. Mit Hilfe von Herrn Kamerowski, der in erster Linie für die Verpackung und den Versand der wertvollen Kunstgegenstände nach dem Ende der Auktionen zuständig war, hatten wir einige Holzpaletten beiseite geschafft, entnagelt und wieder neu zusammengesetzt. Entstanden war ein etwa zwei mal zwei Meter großes, flaches Bretterfloß, das wir Kinder im hinteren Teil des Gartens aufbewahrten. Wenn der Hamburger Himmel lange genug seine Schleusen geöffnet hatte, ging es in Gummistiefeln und mit Holzstöcken hinaus. Das Floß trug maximal eine(n) von uns zur gleichen Zeit: Man musste sich mit einem Holzstab abstoßen und bewegte sich dann sehr schleppend etwa zwei bis drei Meter vorwärts. Es fühlte sich gut und »echt« an. Zu zweit an Bord tauchte das Floß aber schon unter und lief auf Grund.

Dieses durch die Lektüre von *Huckleberry Finn* inspirierte Abenteuerspiel rief auch andere Interessierte auf den Plan. Die Miniatur-Mississippi-Landschaft am Gartenende grenzte an die Badestraße, die eine Art Klassenscheide im Fontenay-Viertel[13] markierte: Die grauen Rückseiten der mehrstöckigen Mietshäuser überblickten den Garten von Norden her, auf den Spannleinen vor den Fenstern hing

---

[13] Die Straße, in der wir wohnten, ebenso wie das ganze Viertel war benannt nach dem amerikanisch-stämmigen Hamburger Schiffsmakler John Fontenay (1769 – 1835), der nach dem Ende der »Franzosenzeit« das große parkartige Gelände, genannt »But'n Dammtor«, zwischen Mittelweg, Badestraße und Alster erworben und ab 1816 begonnen hatte, es baulich zu erschließen (https://www.john-fontenay.de/about.html):. Die »kleine Oase Fontenay. Mit ihrer Allee, mit den kleinen versponnenen Villen, mit ›Goethes Gartenhaus‹, wie man so nett das hübsche kleine Eckhaus an der Kleinen Fontenay nennt …« (So Eberhard von Wiese, Kulturoase an der Fontenay, Hamburger Abendblatt, 19.11.1964).

an trockenen (und feuchten) Tagen Wäsche. Da wohnten »kleine Leute« – es klang nicht eben respektvoll, wenn Vater das so leichthin sagte. Den Begriff des Dünkels kannte ich zwar noch nicht, aber eine gewisse Herablassung in den Worten des Vaters war spürbar. Die Bewohner des Mietshauses hatten keinen eigenen Garten. »Darf ich mitspielen?« Einer der Jungen aus der Badestraße 10 hatte seinen Kopf aus dem Fenster gestreckt und das Floß entdeckt. Wir Mädchen schauten uns kurz an und nickten dann nach oben. Es dauerte nicht lange und an der Hausseite, wo der Drahtzaun schon ziemlich verbogen war, tauchte eine etwas zerfranste Regenjacke auf: Erwin. Einmal aufs Floß – das gab es nicht umsonst. Erwin wusste das. Unter seiner Kapuze schauten uns seine Augen in einer Mischung aus ängstlich-fragender Erwartung und frühmännlicher Selbstgewissheit an. »Piller raus« – wir trauten uns etwas, obwohl Sex-Jargon damals noch zu den großen Tabus gehörte. Deshalb verschwanden wir auch mit Erwin im Gebüsch, wo er seine Hosen herunterließ und uns Mädels einen kurzen Blick auf sein Schwänzchen gestattete. Hose wieder hoch, schnell umgucken: Hatte uns auch niemand dabei beobachtet, welchen Preis wir für die Floßfahrt kassierten? Mit Kichern und Anrempeln wurde die Peinlichkeit der Situation überspielt, und weil es weiter regnete, kühlte die Rötung in unseren Gesichtern auch schnell wieder ab. Erwin hielt sich genau zwei Minuten auf dem wackeligen Gefährt, dann kippte er runter. Wir Mädchen waren wieder dran.

Schule beginnt

Mit dem Beginn der Schule zog mehr Ernst ins Kinderzimmer ein: Das Kasperletheater rückte in die hintere Ecke, neben dem Fenster wurde ein *String*-Regal mit eingehängtem Schreibtisch installiert – »skandinavisches Design«. Die Welt jenseits unseres Gartens gewann an Bedeutung, und damit auch Menschen jenseits der Familienbande. Vor allem meine Freundin Beate kam häufiger zu Besuch oder ich durfte zu ihr in die Warburgstraße mit dem ebenfalls großen Garten gehen, der bis fast an die Alster herunterreichte und eine genauso dicke Buche wie unsere beheimatete. Die beiden ziemlich alten Väter hatten unsere Freundschaft seit Babytagen begründet, als sie sonntags, wenn ihre wichtigen Berufe – Beates Vater war Anwalt – es zeitlich erlaubten, nebeneinander die beiden Kinderwägen durch die Fontenay-Allee an die Alster schoben. Beate und ich besuchten dieselbe Klasse in der Volksschule bei St. Johannis, unsere Klassenlehrerin Frau Braem war streng, aber warmherzig. Der Schulweg führte entlang des schon damals verkehrsreichen Mittelwegs; im ersten Schuljahr wurden wir deshalb meistens zur Schule gebracht. Danach ließ man uns allein laufen.

I MIMI I – das Schreibheft mit den unterschiedlich breiten Linien zum Üben der großen und kleinen Buchstaben sah komisch aus und ich spürte bald, dass ich nie »ordentlich« schreiben lernen würde.

Die Buchstaben wollten sich einfach nicht an die Linien halten. Aber die Tiere an der Wand des Klassenzimmers, deren große Anfangsbuchstaben mit einem Zeigestock viel einfacher zu verstehen waren, gefielen uns allen gut: H_ ase, G_ iraffe, E_ lefant, M_ aus.

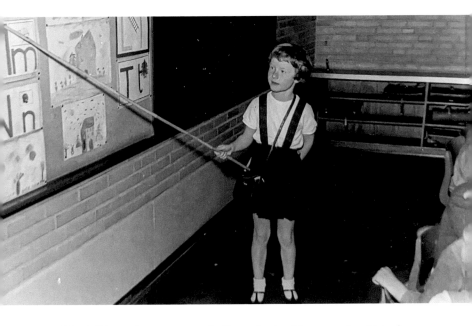

Die Tierbilder erinnerten an die Besuche im Zoo aus der Zeit des Kindergartens, als wir in einer kleinen Gruppe manchmal einen etwas größeren Ausflug zum Beispiel zu Hagenbecks' Tierpark

unternahmen: Die dortigen Gelände mit Steppe, Hügeln und Felsen-
höhlen für die Giraffen, die Elefanten oder die Bären sahen echt aus
und waren für mich immer am aufregendsten. Die Affen fand ich
nicht so toll. Aber es gab auch Hasen – oder waren es Kaninchen?
Sie hoppelten über die Wiesen bis an die Besucher heran, ließen
sich füttern und wirkten gar nicht exotisch, eher wie im eigenen
Garten. Über die Fragwürdigkeit des Tierimports aus der kolonialen
Ferne wurde damals nicht diskutiert; wir überlegten allerdings, ob
es für einige Tiere aus den warmen Erdregionen in Hamburg nicht
etwas zu kalt und nass sei. Aber sie konnten sich ja vor dem Wetter
in ihre Riesenhäuser zurückziehen, und die Robben und Seelöwen
hatten diese Probleme nicht. Walross »Antje« wurde später sogar
das Maskottchen des Norddeutschen Rundfunks.

»Ein Fahrrad für meinen Sohn«

Der Radius jenseits des Gartens hatte sich seit den Floßfahrten und
mit Schulbeginn deutlich erweitert, und ich spielte nachmittags
immer öfter – und meistens mit Jungen, die Peter, Tobby, Leo und
Anthony, Tim und Tom, Sven und Oliver hießen – in der an die
Fontenay angrenzenden Fontenay-Allee oder »Kleinen Fontenay«,
einer Fußgängerstraße zwischen Fontenay und Warburgstraße. Die
kleineren Gärten der Einfamilienhäuser gingen dort alle ineinander
über; keine Zäune hielten uns davon ab, beim Versteckspielen von

einem Grundstück ins nächste zu wechseln. Die »Allee« war für uns wie ein riesiger Garten, oder je nachdem, wie es die verschiedenen Bewohner mit der Pflege ihrer Rasen und Hecken hielten, auch eine Wildnis.

Es wurde Zeit, einen richtig großen Wunsch zu meinem Geburtstag, es war der achte, vorzubringen: Ein »Jungsfahrrad« sollte es werden, mit einer Stange in der Mitte und natürlich in Blau, meiner Lieblingsfarbe. Aber damit der Wunsch in Erfüllung gehen konnte, musste Vater überzeugt werden, mit mir in den Fahrradladen zu gehen und zu schwindeln – das war die Abmachung. Ich erinnere nicht mehr genau, ob es lange dauerte, bis ich ihn so weit hatte. Ich brachte beste Voraussetzungen mit für dieses kleine Rollenspiel: kurze Haare, Lederhosen und Knie mit blauen Flecken und nicht heilen wollenden Schürfwunden vom Bäumeklettern im Garten und Herumtollen in der Allee. Ich glaube, wir fuhren in die Innenstadt; der Name des Ladens ist mir entfallen, aber den wunderbaren Gummigeruch, der bei späteren Fahrradkäufen und noch später auch beim Erwerb von Autos wiederkehrte, kann ich abrufen.

»Was kann ich für Sie tun?«, der Verkäufer ging auf meinen Vater zu und musterte mich wohlwollend. Ich zwinkerte meinem Vater aufmunternd zu, wähnte mich schon fast am Ziel. »Ein Fahrrad für meinen Sohn, bitte«, sagte mein Vater tatsächlich ohne rot zu Werden. »Ein blaues«, ergänzte ich schnell. Mehrere Modelle wurden ausprobiert, inklusive einer sehr wackeligen Testfahrt auf dem Bürgersteig vor dem Laden. Und dann konnte das neue Rad nach Hause geschoben werden. Frühe androgyne Neigungen hatten eine erste Bestätigung gefunden, ohne zu wissen, was es damit auf sich haben könnte.

So richtig sicher fühlte ich mich aber noch nicht mit dem Rad. »Am besten du übst erst einmal ein bisschen im Garten.« Vaters Rat wurde zwar nicht gern gehört, aber ich verabschiedete mich mit einer Dankeschön-Umarmung, um dann entlang der Acht um die Wiesen herum die ersten Runden zu drehen. Keiner guckte zu, wie ich dort manövrierte, herum eierte, mehrmals herunterkippte und auf das bereits ramponierte Knie fiel. Das Wiederaufsteigen mit der Stange zwischen den Beinen war doch nicht ganz so einfach. Aber der Garten bekam eine ganz neue Perspektive, als ich etwas erhöht und mit größerem Tempo als zu Fuß an all den bekannten Stationen – Blutbuche, Kastanien, Rosenbeet und Floß am Ende – vorbeisegelte. Nach zwei Tagen fühlte ich mich sicher genug, um zu einer Probefahrt und zum Angeben in die Allee zu starten – große Freiheit. Fahrradhelme gab es noch nicht. Und fast alle Freunde wollten das neue Rad ausprobieren. Nach einigem Zögern und nicht ohne Stolz erlaubte ich es: »Aber nur eine Fahrt, die Allee rauf und runter ...«

Ein Mädchen mit so vielen Jungen – Beate spielte selten mit uns in der Allee – das bedeutete auch frühes Ringen um Gleichberechtigung und Anerkennung. Ich versuchte, durch Überanpassung und Pfiffigkeit zu glänzen, und wollte mir vor allem nicht nachsagen lassen, zimperlich zu sein. Beim Versteckspiel suchte ich mir besonders schwierige Plätze aus – um den Preis, unter Umständen auch nicht gefunden zu werden. So blieb ich an einem späten Nachmittag in einem kleinen Schuppen, in dem Heu aufbewahrt wurde, unentdeckt. Erst als es dunkel wurde und ich plötzlich einen nicht enden wollenden Niesanfall bekam, öffnete sich die Hintertür des Hauses, zu dem der Schuppen gehörte, und die Mutter einer der Freunde fand und rettete mich. Es war der Beginn meines Heuschnupfens und anderer Pollenallergien, die mich lebenslang begleiten sollten. Das kommt davon.

Die Allee eignete sich, weil dort keine Autos fuhren, besonders gut für das Kreide-Hüpfspiel »Himmel und Hölle.« Die Quadrate mit den Ziffern von 1 bis 7 ließen sich gut auf den Steinplatten des Fußweges aufmalen; es lagen genug Steinchen herum, um sie erst durch Werfen dann Ankicken, auf einem Bein hüpfend, von Feld zu Feld zu bugsieren. »Hinkepott«, wie wir das Spiel auch nannten, wurde – genau wie »Gummi-Twist« – eher von Mädchen gespielt, die Beate und mich manchmal nach der Schule in unserem Spielparadies besuchen kamen. Die Jungs standen dann lachend und witzelnd um uns herum und feuerten einzelne von uns an. Manchmal war auch einer verwegen genug, um mit zu hüpfen.

An dem besagten achten Geburtstag war mein großer Bruder zu Besuch gekommen und hatte ein Geschenk für mich mitgebracht, mit dem ich zunächst nicht so viel anfangen konnte: Es war die kleine 45er-Schallplatte *Corinna, Corinna* von Ray Peterson. Ich legte sie erst auf den Plattenspieler, als ich allein war; den Refrain »I love you sooo ...« konnte ich nicht oft genug hören, auch wenn die kieksende Stimme des Sängers etwas peinlich klang. Einige Jahre später gab es ein Wiederhören auf der LP *Freewheelin'* von Bob Dylan, der seine eigene Version von *Corrina* gemacht hatte: »I got a bird that whistles, I got a bird that sings ...« Der näher am Blues gebaute Sound gefiel mir besser, es war eins meiner ersten selbst gekauften Alben. Aber das Geschenk des Bruders ging nicht verloren; in einer Truhe von Schätzen sentimentaler Selbstvergewisserung begleitete mich die Single später von Studienort zu Studienort.

So lernte ich Ray Peterson vor den Beatles kennen, obwohl die größte Band aller Zeiten ihre Karriere mit wild-berüchtigten Auftritten bereits zwischen 1960 und 1962 im legendären Hamburger Star Club begann; George Harrison – anfänglich mit 17 Jahren noch zu jung für die Nachtclub-Auftritte auf der Reeperbahn – wurde erst einmal nach England zurückgeschickt. Ich war offenbar zu jung, um davon etwas mitzubekommen. Zehn Jahre (und mehr) trennten mich von dem jüngsten Beatle, zu dessen weich weinender Gitarre wir bald darauf die ersten Teenie-Gefühle ausleben würden. Die Eltern hingegen waren für die Beatles zu alt, wohl auch deshalb hörte ich zu Hause nichts von ihnen.

VIII

Die Mauer

Im Jahr des Fahrradkaufes war in Deutschland etwas geschehen, das nachhaltige Folgen für alle Bewohner und Bewohnerinnen in West und Ost haben sollte, auch wenn davon für uns Kinder in Hamburg zunächst vieles unverständlich und unerklärt blieb. Am 13. August 1961 wurde auf Beschluss der Regierung der Deutschen Demokratischen Republik – es gab ein zweites Deutschland?! – begonnen, in der Mitte von Berlin eine Mauer zu errichten. Es war ein Sonntag und ich erinnere, dass meine Eltern das Radio laut stellten: »... Direkt am Brandenburger Tor!« Mutter und Vater saßen lange mit sorgenvollem Gesicht vor dem großen Gerät. Am nächsten Tag konnte man auf der Titelseite des *Hamburger Abendblatts* viele Fotos sehen: Der Ost-Sektor Berlins, der unter sowjetischer Verwaltung stand, wurde zunächst mit Stacheldraht, dann mit Betonplatten und viel Zement von den anderen drei Sektoren abgetrennt, die unter US-amerikanischer, britischer beziehungsweise französischer Verwaltung standen. »Sodass keiner mehr raus konnte; die wären sonst alle weggelaufen.« Die Mutter eines Freundes aus der Allee versuchte am nächsten Nachmittag eine Erklärung für uns. »Da stecken die Russen hinter ...« Schnell bildete sich eine kleine Traube von Erwachsenen und Kindern um die Diskutanten. Es war wohl das erste Mal, dass ich bewusst erlebte, wie aufregend und streithaltig Politik sein konnte. Russland war der Feind, das schien klar und die Deutschen saßen jetzt ganz schön in der Patsche – mitten drin im Kalten Krieg, aber getrennt durch eine Mauer.

Ob mir das Kopfzerbrechen bereitete damals? Es hinterließ jedenfalls Fragezeichen; denn wenige Monate vorher hatte es schon einmal ein Ereignis gegeben, das aufgeregte Radiosendungen und Zeitungsmeldungen provoziert hatte: Juri Gagarin – war das nicht auch ein Russe?! – war als erster Mensch in einer Kapsel in den Weltraum und einmal rund um die Erde geflogen.[14] Mein Vater hatte sich beim Mittagessen, wo oft über Politik geredet wurde, gewundert: Er habe gedacht, »im All hätten die Amis die Nase vorn.« Das hörte sich eher lustig an und ich hielt es für eines seiner vielen Wortspiele, die bei uns zum guten Ton und intellektuellen Wettstreit im familiären Miteinander gehörten. Mir kamen beim Thema Weltraum *Kirri und Pirri* in den Sinn, eines der schönsten Science-Fiction-Kinderbücher des vergangenen Jahrhunderts und mein Favorit. Darin erkunden ein kleines Fell-Wesen (Pirri), ein Menschenjunge mit Rollkragenpullover (Kirri) und ein grünes Männlein vom Saturn (Theodor) in einer »Luftkarosse« unser Planetensystem – auf der Suche nach der verlorenen Pfeife von Kalikulin, mit der dieser die Ringe um den Saturn geblasen hatte. Ich konnte die Geschichte fast auswendig und bewahre das wunderbar illustrierte Buch bis heute in meinem Regal für Raritäten und besondere Erinnerungen auf. Gemessen an dem großen Aufsehen, welches das Ereignis der Berliner Mauer in der Welt der Erwachsenen zunächst hervorgerufen

---

14   Unter Bezugnahme u.a. auf den Flug Gagarins formulierte mein Lieblingsphilosoph des 20. Jahrhunderts Günther Anders 1970, das Entscheidende der Raumfahrt bestehe »nicht in der Erreichung der fernen Regionen des Weltalls oder des fernen Mondgeländes […], sondern darin, daß die Erde zum ersten Mal die Chance hat, sich selbst zu sehen, sich selbst so zu begegnen, wie sich bisher nur der im Spiegel sich reflektierende Mensch hatte begegnen können.« (zitiert nach APuZ 29-30/2019, https://www.bpb.de/apuz/293686/phantasie-projekt-produkt-astrokultur-und-der-weltraum-des-20-jahrhunderts?p=3#fr-footnode20) oder: Günther Anders, Der Blick vom Mond. Reflexionen über Weltraumflüge (1970), München 1994, S. 12.

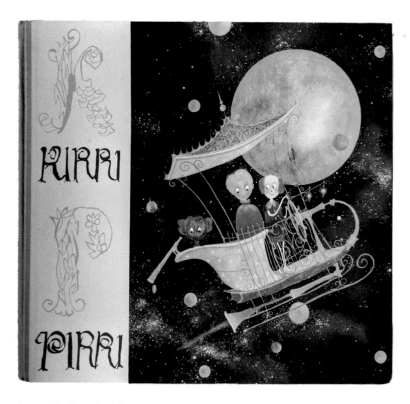

hatte, kehrte bald wieder »Normalität« ein. Zweimal im Jahr, zu
Ostern und zu Weihnachten, bekamen die »armen Verwandten im
Osten«, so Mutter, nun Päckchen von uns geschickt: Bohnenkaffee
und Schokolade reisten, in braunen Tüten verpackt, von Hamburg

nach Leipzig – in die »Bücherstadt«, wie mein Vater betonte. Gab es denn dort keinen Kaffee und keine Schokolade?

Die Berliner Mauer war Teil der fast 1400 Kilometer langen innerdeutschen Grenze geworden und blieb für mehr als 28 Jahre das markanteste Symbol des geteilten Landes. Dass ich etwa zehn Jahre später das Brandenburger Tor auch von der Ostseite kennenlernen und die Bezeichnung »antifaschistischer Schutzwall« versuchen würde zu verstehen – davon hatte ich 1961 noch keine Ahnung.

Kurz nach dem Beginn des Mauerbaus bekamen wir Besuch von Mutters Nichte Ute aus Duisburg und ihrer einjährigen Tochter. Ute war verheiratet mit einem großen, gut aussehenden Mann – »Wandschmuck für ein Damenzimmer«, nannte meine Mutter mit einer Mischung aus Bewunderung und Süffisanz solche männlichen Erscheinungen. Arthurs deutscher Familienname Zimmermann konnte nicht über seine ungarische Herkunft hinwegtäuschen, sein gebrochenes Deutsch war verräterisch, wenn auch sehr charmant. Er hatte 1956 am Aufstand in Budapest teilgenommen und war danach mit zwei kleinen Söhnen aus erster Ehe über Österreich nach Deutschland geflohen und in den offenen Armen einer damaligen

Willkommenskultur, konkret denen meiner Cousine im Ruhrgebiet gelandet. Diese, seine neue Frau und Tochter, wurden bei uns in Hamburg vorübergehend »geparkt«; Mutter besorgte ihrer Nichte in einem teuren Laden auf dem Jungfernstieg einen neuen Schottenrock und eine edle Wolljacke, die das Stillen erleichtern sollte. Der Ungar konnte währenddessen den Versuch wagen, von Hamburg aus mit seinem Auto an der neuen Grenzziehung zwischen Ost und West entlang bis ins Burgenland zu fahren, um nach fünf Jahren zu sehen, wie nah er seiner alten Heimat noch kommen konnte. Eine Woche später holte er Frau und Tochter bei uns zufrieden wieder ab.

Sitzen bei Seitz

Im September desselben Jahres wurde Vater, Jahrgang '01, sechzig. Um dies mit einer »großen Überraschung« angemessen vorzubereiten, so die Idee der Mutter, verschwand ich in den Wochen davor an jedem Donnerstagnachmittag heimlich im Lerchenfeld, dem Sitz der Hamburger Hochschule für Bildende Künste. Durch die weiträumigen, etwa fünf Meter hohen Hallen der Akademie wanderte ich in das Atelier des Bildhauers Gustav Seitz, wo ich eine Stunde lang still sitzen musste, während er aus Gips ein Modell meines Kopfes fertigte. Anfangs brachte mich meine Mutter bis ins Atelier; später, als ich den Weg kannte, ging ich allein durch das Gebäude und hielt mich schon mal ein paar Minuten länger in den Kulissenräumen auf, wo es so gut nach Ölfarbe, Terpentin und Holz-spänen roch. Hier standen die Entwürfe für die Bühnenbilder der großen Hamburger Theater, des Schauspielhauses und des Thalia. Manchmal konnte ich den Malerinnen und Malern bei der Arbeit zusehen; meist war aber niemand da, und die Räume wirkten etwas unheimlich mit den von der Decke hängenden Masken, mit den halbfertigen Leinwänden und den dunklen Gängen dahinter. Einige Jahre später hatte ich als Teenager noch einmal Gelegenheit, auf einem der berühmten Kostümfeste »Li-la-Lerchenfeld« zur Faschingszeit diese besondere Luft der hanseatischen Boheme zu schnuppern. Da roch es dann verführerisch nach Schminke, Al-kohol, Rauch und körperlicher Nähe ... Ich glaube, ich knutschte zum ersten Mal richtig – unerkannt und ohne zu erkennen.

Professor Seitz sprach nicht viel, wenn er modellierte, und ich musste mich ja auch ruhig verhalten. Aber ich machte mir so meine Gedanken: Warum nahm er nicht einfach eine große Gipskugel und formte daraus Augen, Nase und Mund? Stattdessen klebte er mit einem Spachtel lauter kleine runde Gipsplättchen auf die Kugel, und drückte dann daran herum. Wie Sommersprossen, von denen ich ja viele hatte, kamen sie mir vor, nur eben aus weißgrauem Gips, den man auch riechen konnte – ein bisschen wie auf einer Bau-stelle. Nach und nach entstand so mein Gesicht – durch Auftragen. Nach etwa zehn Sitzungen war der Kopf fertig und erkennbar.

Ein Junge mit Bubikopf, wenn man es nicht besser wusste. Meine Mutter holte mich von der letzten Sitzung ab, bedankte sich überschwänglich bei dem Künstler, der jetzt, glaube ich, zum ersten Mal lächelte. Die beiden verstauten meinen Kopf, eingewickelt in eine Decke, in einer Reisetasche, in der mein zweites Ich unverdächtig an Vater vorbei ins Haus transportiert werden konnte. Wir nahmen den Hintereingang durch den Garten.

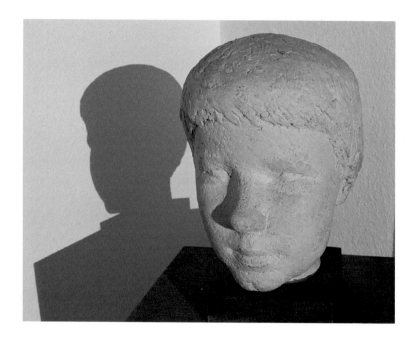

Die Überraschung gelang und man merkte es Vater an, wie sehr er sich freute und geschmeichelt war, von einem renommierten Künstler ein so persönliches Werk zu bekommen. Ich stand still daneben – stolz. »Ein Wanderer zwischen den Welten ...«, sagte Vater und meinte damit nicht meine heimlichen Ausflüge ins Lerchenfeld, sondern den Bildhauer. Der fast gleichaltrige, gebürtige Mannheimer Gustav Seitz hatte 1949 den Nationalpreis der DDR für sein *Mahnmal für die Opfer des Faschismus* in Weißwasser/Oberlausitz erhalten und war 1950 Gründungsmitglied der Akademie der Künste zu Berlin (Ost) geworden. Daraufhin wurde ihm die Lehrtätigkeit an seinen beiden West-Berliner Wirkungsstätten, der Hochschule für Bildende Künste und der Technischen Universität, entzogen. Seitz zog in den Ostteil Berlins um. Seine Inspirationen bezog er künftig aus West und Ost, reiste nach Leningrad, Moskau und Paris, traf Picasso, porträtierte Brecht, Bloch, Thomas und Heinrich Mann. 1958 schied er aus der Akademie der Künste aus und zog nach Hamburg, wo er am Lerchenfeld Leiter einer Bildhauerklasse wurde.

Mein Kopf zog nach dem Tod meines Vaters 1983 wieder bei mir ein; ich wohnte inzwischen in Bonn. Gustav Seitz kann einem bis heute an vielen Orten begegnen: in dem wunderbaren, von ihm geschaffenen Käthe-Kollwitz-Denkmal am Prenzlauer Berg in Berlin oder in dem erst 2017 für ihn eingerichteten Museum in Müncheberg/Brandenburg. Wanderer zwischen den Welten ...

IX

„Land unter" als Ernstfall

In der Nacht vom 16. auf den 17. Februar 1962 kam es im Gebiet der Unterelbe zu einer Flutkatastrophe, deren Ausmaße und Folgen als Jahrhundertereignis in die norddeutsche Geschichte eingegangen sind. Besonders schwer betroffen waren die Hamburger Stadtteile zwischen Norder- und Süderelbe. Allein in Wilhelmsburg ertranken 220 Menschen, weil das Wasser in meterhohen Schwallwellen durch die gebrochenen Deiche in die Straßen drückte. Als besonders verheerend erwies sich, dass in diesem Stadtteil der Hauptdeich teilweise als ständig bewohntes Kleingartengebiet genutzt wurde: Die hier Lebenden waren im Krieg ausgebombt worden und hatten auch 17 Jahre später immer noch keine sicheren Behausungen, sondern lebten in Behelfsheimen oder eben in den Hütten der Schrebergärten.[15] Die Deiche selbst waren nur mit Trümmerschutt ausgebessert worden und hatten bereits sieben Jahre zuvor der großen vom »Hollandorkan« ausgelösten Sturmflut nicht standgehalten.

Das war alles noch nicht bekannt, als meine Eltern mich sehr früh am Morgen des 17. Februar, es war ein Samstag, weckten und wir uns zu dritt in Pyjamas und Nachthemd vor dem Radio im Wohnzimmer versammelten. Draußen war es noch fast dunkel, aber durch die Fenster Richtung Alster und Innenstadt war das drohende Motorengeräusch von Hubschraubern zu hören, ihre Scheinwerfer

---

[15] Da aufgrund der Gartennutzung die für die Deichsicherheit existenziell notwendige geschlossene Grasnarbe fehlte, kam es hier sehr schnell zu großen Auswaschungen, die letztendlich zum Bruch des Deiches führten. Für rund 200 Bewohner, der am und auf dem Klütjenfelder Hauptdeich zwischen Spreehafen und Ernst-August-Kanal stehenden Behelfsheime, kam jede Hilfe zu spät, da nach dem raschen Volllaufen der vom gebrochenen Hauptdeich nicht mehr geschützten Siedlungsgebiete Wilhelmsburgs Rettungsmaßnahmen nur mit kleinen Booten möglich waren.

kreisten am Himmel. Der Sender war gestört, die Stimme des NDR-Sprechers kam nur in Nachrichtenfetzen bei uns an: »Hamburger Hafengebiete bis zum Rathausmarkt unter Wasser ... Deiche gebrochen ... Bewohner von Wilhelmsburg sitzen auf ihren Dächern ... Mehrere tausend Tote zu befürchten ... Der Polizeisenator hat die Bundeswehr zu Hilfe gerufen, um Menschenleben zu retten ... die gesamte Nordseeküste ist betroffen ...« Dass sich Helmut Schmidt, damals Hamburgs Polizei-, später Innensenator, der bereits aus seiner Zeit im Verteidigungsausschuss des Bundestages über Kontakte zur NATO verfügte, über das Grundgesetz hinweggesetzt habe, als er Katastrophenhilfe durch das Militär anforderte, sollte in den späteren, kritischen Betrachtungen des Krisenmanagements immer wieder eine wichtige Rolle spielen. Die Dramatik der Lage war im Rathaus der Hansestadt zunächst unterschätzt worden, rechtzeitige Warnungen und Evakuierung waren unterblieben. Die zahlreichen Dokumentationen, die von der Hamburger Flut in den folgenden Jahrzehnten entstanden, sparten meist nicht mit Bewunderung für einen Politiker, dessen forscher Rettungseinsatz 1962 – schließlich waren zwar Tausende Hamburger obdachlos, aber »nur« 340 Tote zu beklagen – den Grundstein für eine Karriere legte, die 1974 in der Wahl zum Bundeskanzler gipfelte. Es gab aber auch Stimmen gegen einen als unangemessen empfundenen Heldenkult um Helmut Schmidt.[16] Insgesamt hielt sich das mediale Interesse an den Ursachen für die besondere Betroffenheit vor Ort, für die Abgründe

---

[16] Z. B.: https://www.abendblatt.de/hamburg/article214879933/Historiker-Schmidt-kein-Krisenmanager-der-Sturmflut-1962.html (abgerufen am 16.6.2022).

sozialer Deklassierung und minderwertiger Wohnverhältnisse sowie die unzureichenden Schutzvorkehrungen lange Zeit in Grenzen. Knapp fünfzehn Jahre später kam es zu der nächsten großen Flut in Hamburg – mit noch höheren Pegelständen, aber weniger Todesopfern. Die Analysen zunehmender Wetterveränderung und die Debatte um neue Schutzkonzepte vor Sturmfluten wie zum Beispiel sogenannte »Klimadeiche« begannen erst, als Naturkatastrophen im Zusammenhang mit dem Klimawandel das neue Jahrtausend zu prägen begannen. Krisenprävention blieb noch lange Zeit ein Fremdwort – für viele der Wilhelmsburger Schrebergartenbewohnerinnen und -bewohner hatte es sie 1962 jedenfalls nicht gegeben.

Hatte der Nachrichtensprecher nicht gesagt, die »ganze Nordseeküste« sei betroffen? Wie mochte es der Schwester auf der Insel gehen? Wir versuchten ein Telefonat nach Wyk auf Föhr, um meine Schwester im Internat zu erreichen. Die Leitung war tot; meine Mutter rief die Fernsprechvermittlung zu Hilfe und schließlich hörten wir am anderen Ende eine Frauenstimme: »Hier Carl-Hunnius-Internat, wer ist dort?« »Wie ist denn die Lage bei Ihnen, können wir bitte mit meiner Tochter sprechen?« Die Frauenstimme verneinte, es gebe gerade eine Versammlung für alle Schülerinnen und Schüler in der Turnhalle des Internats, aber sie könne uns beruhigen, es sähe so aus, als ob die Deiche hielten. Das Internatsgebäude sei unbeschädigt. Meine Mutter begann zu weinen.

Tatsächlich war, wie wir später erfuhren, der Deich auf der weiter draußen in der Nordsee gelegenen Insel Amrum gebrochen. Deshalb wurden die Wassermassen teilweise abgefangen und so Föhr vor der Überflutung bewahrt.

Wochenlang blieb die »Flutkatastrophe« das Thema Nummer Eins in Hamburg. An der Trauerfeier vor dem Rathaus zehn Tage später nahmen etwa 150 000 Menschen teil. »Spendensammlungen in Millionenhöhe«, »Wohlfahrtsmarken für die Flutopfer«, »Stiftung für die Hinterbliebenen« – die erste zivile Katastrophe nach dem Weltkrieg machte Schlagzeilen. In der Schule gab es bald darauf eine Überraschung: »Kommt mal alle her«, riefen uns die Lehrerinnen – alle waren Frauen – in der großen Pause im Schulhof zusammen. »Heute sind Pakete aus Griechenland angekommen.« Wir schauten uns fragend an, durften dann zusammen auspacken und heraus kamen viele Tüten voller Korinthen, die in unsere offenen Hände verteilt wurden und die wir zusätzlich zu den Schulbroten verzehren durften. »Aber wir sind doch gar nicht überschwemmt worden«, wunderte sich meine Banknachbarin. »Esst ruhig, das ist Solidarität aus Europa«, erklärte die Lehrerin. Solidarität schmeckte gut und die Wilhelmsburger Schüler bekamen ja auch Korinthen.

Zurück blieb eine Ahnung, dass nicht alle Gärten Orte der Geborgenheit sind und Schutz bieten; und dass Naturkatastrophen uns Menschen in existenzieller, aber auch ungleicher Weise treffen können. Die wohlbehüteten, bürgerlichen Wohngebiete an der Alster waren bei der großen Flut glimpflich davon gekommen.

Kurt

Eine sehr persönliche Katastrophe ereignete sich wenige Monate später. Der Vater meiner Freundin Beate kam auf tragische Weise ums Leben – er wurde von einem Auto überfahren, als er mit seiner Frau einige Tage am Tegernsee Urlaub machte. Der für eine so junge Tochter recht alte Vater war ein angesehener Hamburger Anwalt mit Lübecker Wurzeln – es gab immer Marzipan bei Beate zu Hause. Seine beruflichen Projekte, die er hinter einer meist verschlossenen Tür in der schönen Wohnung bearbeitete, die genauso nach Kunst und Büchern roch wie unsere, hatten einen für uns Kinder besonders exotischen Klang: »Vogelfluglinie« oder das »Autobahnprojekt HaFraBa« oder gar die versuchte Rettung der »Zarentochter Anastasia«.

Dass Kurt in den 1940ern in »Sippenhaft« im KZ Sachsenhausen interniert gewesen war, erfuhr ich erst viel später. Das 1979 erschienene Buch *Reise durch den letzten Akt* seiner Tochter Isa aus erster Ehe – auch Beate war ein Patchwork-Kind (ihre Halbschwester Isa war 36 Jahre älter!) – ist einer der großen, menschlich und politisch aufwühlenden Berichte aus Ravensbrück, Buchenwald und Dachau. Die Familie war, auf mehrere Lager verteilt, der Vernichtungsmaschinerie entkommen und konnte deshalb Zeugnis für uns »Nachgeborenen« ablegen.

Der plötzliche Tod von Beates Vater brachte viel Traurigkeit in unser Kinderleben. Beate lachte nur noch selten und kam noch weniger oft in die Allee zum Spielen. »Rinnchen, das musst du verstehen«, nahm mich ihre Mutter liebevoll erklärend beiseite. Tod ist aber im Alter von acht Jahren schwer zu verstehen, und Empathie für das Leid der anderen musste erst gelernt werden. Wir saßen nun öfter bei Beate im Wohnzimmer zusammen in einem großen Sessel und schauten uns die wundervollen Fotoalben ihrer Mutter an, in denen natürlich auch ihr Mann und der Vater der besten Freundin auf vielen Seiten verewigt war. Erinnerungen an eine schöne gemeinsame Zeit. Der lebensfrohe Kurt, der noch im Alter von 77 Jahren mit uns im Garten herumgetollt und so gerne albern gewesen war, hatte die Vorstellung, dass man sich auf einmal nicht mehr wiedersehen würde, fast undenkbar gemacht. Abschiednehmen bekam etwas Endgültiges.

X

Im Sommer nach dem Tod ihres Vaters verbrachten Beate und ich die Schulferien im Kinderheim Thilo auf der Nordseeinsel Amrum – eine in vieler Hinsicht tröstliche und besondere Zeit. Beate war schon in früheren Jahren dort gewesen und konnte mir deshalb alles zeigen: das »Mädchenhaus« und das »Jungshaus«, zwei alte, mit wunderbar dickem Reetdach gedeckte Backsteingebäude, wie sie für die nordfriesischen Inseln typisch sind. Sie waren umgeben von mehreren Rasenflächen und einem Gemüsegarten auf der Rückseite und boten einen weiten Blick auf und über den Deich, der zur »Odde«, der Nordspitze der Insel, führte. Auf der Weide zwischen Kinderheim und Deich grasten drei Ponys, die zum Kinderheim gehörten: zwei kleinere braunschwarze Shetlands, namens Ara und Sönne, und die größere hellgraue Isländerin Kika. Mit ihnen würden die Jüngeren von uns in zwei Ponywagen bei gutem Wetter zum Strand fahren beziehungsweise abgeholt werden. Bei bedecktem Himmel ging es ins »Wäldchen«, eine Kiefernanpflanzung auf dem Weg zu den großen Dünen. Oder wir, etwa dreißig Kinder zwischen fünf und zwölf Jahren, spielten rund ums Haus Ball, Verstecken oder »Plumpsack«. Bei Regen machte Frits, der Ehemann der Kinderheimleiterin, der sonst im blauen Overall des Flugzeugingenieurs bei allen möglichen Reparaturen in Haus und Hof anzutreffen war, »Kino« für uns im Speisesaal: Charlie

Chaplins *Goldrausch*, Dick und Doof, Donald Duck und Micky Maus – *Walt-Disney*-Schätze in Schwarz-Weiß, die mit Hilfe eines summenden Vorführgeräts auf einer Leinwand zum Leben erweckt wurden. Das Knistern und Flimmern beim Starten der Stummfilme sorgte für große Spannung bei uns Kindern, bevor die Bilder dann zu laufen begannen. Die lustigen Kommentare, die Frits mit seinem holländischem Akzent aus dem dunklen Off den Filmen hinzufügte, brachten uns erst recht zum Lachen und ließen das schlechte Wetter schnell vergessen.

Gisela war die Seele und Leiterin des Kinderheimes, eine damals etwa vierzigjährige Frau und Mutter von drei Kindern, die das Haus von ihrer Mutter übernommen hatte und ein Erholungskonzept verfolgte, das sich in jeder Hinsicht unterschied von vielen »Fürsorge«-Anstalten in den 1950er Jahren, in denen von repressiver Aufbewahrung über Gängelung bis zur Gewaltanwendung erschreckende Formen der Heimerziehung von Kindern und Jugendlichen praktiziert wurden.[17]

Wenn wir auf einer Wanderung zum Strand durch die weiten Täler der hohen Dünen kamen, stoppte Gisela plötzlich und zeigte uns die halb verwehten Spuren einer Siedlung »aus der Bronzezeit«, wie sie erklärte: eine Feuerstelle, Mauerreste, schwarze Furchen einer alten Dorfstraße. Die archäologischen Ausgrabungen auf

---

[17] Fast 50 Jahre sollte es dauern, bis im Zuge eines vom Bundestag eingesetzten »Runden Tisch Heimerziehung« die Ergebnisse der »Schwarzen Pädagogik« ans Licht kamen, vgl. Deutsche Welle, »Das verdrängte Leid«, 13.12.2010 (https://www.dw.com/de/das-verdr%C3%A4ngte-leid/a-6323736; abgerufen 16.6.2022).

Amrum, zu denen auch zahlreiche Hügelgräber gehörten, hatten direkt nach dem Zweiten Weltkrieg begonnen und förderten neben den bronze- und steinzeitlichen Funden nach und nach auch das Siedlungsleben der Wikinger auf der Insel zu Tage. In einer kleinen Vitrine im Kinderheim waren einige Pfeil- und Lanzenspitzen sowie Hammersteine zu besichtigen – Menschengeschichte wurde lebendig für uns. Oder wir durften bei der Versorgung von »Heulern«, Seehundbabys helfen, die nach Sturmtagen am Strand von ihren Müttern getrennt worden waren und dann von Gisela mit dem Ponywagen eingesammelt wurden.[18] Wir päppelten sie in einem kleinen Gehege hinter dem Haus mit Flaschen voller Sahne und Heringen auf, bis sie transportfähig waren, um zur Rettungsstation nach Cuxhaven gebracht zu werden.

Ausflüge in die Vogelkoje, wo die Eiderenten, die späteren Wappenvögel der Insel, ihre Brutplätze hatten, oder Wanderungen durchs Wattenmeer, bei Ebbe bis auf die Nachbarinsel Föhr, wobei uns der Schlick mit vielen kleinen Muscheln und Getier durch die Zehen quoll, hinterließen ein nachhaltiges Interesse und Verständnis für die schutzbedürftige Welt von Vögeln und Meerestieren aller Art. Damals bekam mein späterer Wunsch (Meeres-)Biologin zu werden erste Nahrung. In demselben Jahr, als wir auf Amrum waren, veröffentlichte Rachel Carson ihr berühmtes Werk *Silent Spring*, das leidenschaftliche Plädoyer gegen den Einsatz von Pestiziden und

---

[18] Dass Seehunde mehr sind als liebenswerte Tiere, sondern uns Menschen zutiefst verwandte Wesen, verstand ich Jahre später, als ich auf »meiner Insel« Irland das vielleicht zauberhafteste, 1954 erschienene Buch *People of the Sea* des schottischen Autors David Thomson kennenlernte. Vielleicht kannte auch Gisela die dort präsentierten irischen und schottischen Legenden, die 2005 auf Deutsch erschienen (David Thomson, Seehundgesang, marebuchverlag).

für den Vogel- und Artenschutz. Sicherlich ein Zufall. Aber sie war eine ganz ähnliche Frauenfigur wie Gisela und ihre Liebe galt auch dem Meer.

Neben der Fähigkeit, uns für all diese Zeichen der Vergangenheit und Zukunft von Mensch und Natur zu begeistern, hatte Gisela auch Interessen jenseits des Kinderheims: Als passionierte Segelfliegerin wartete sie alle vier Wochen auf die »richtige Thermik«, um nach einem Blick in den Himmel in ihren ebenfalls blauen Overall zu steigen und Richtung Festland zu starten, wo sie sich dann nahe Niebüll in die Lüfte hob. So blieb sie für uns Kinder trotz ihrer großen persönlichen Ausstrahlung und der Eindringlichkeit ihrer Botschaften immer etwas unnahbar. Aber vielleicht war es gerade diese Widersprüchlichkeit zwischen zart und zäh, heiter und ernst, die das Anziehende ihrer Persönlichkeit ausmachte. Mehr davon begriff ich, als ich – vierzehnjährig – in den großen Schulferien von ihr eingeladen wurde, »als junger Mann bei den Pferden«, wie sie vorschlug, konkret hieß das, bei der Betreuung der Ponys und der beiden Kutschen zu helfen. In jenem Sommer lernte ich von ihr nicht nur die Wagen anzuspannen und zu lenken, sondern auch Miesmuscheln und Spaghetti für dreißig Leute zu kochen, Robben zu retten und Gezeiten zu verstehen. Inselleben eben. Abends im Bett las ich Gerhart Hauptmanns verrückten

Roman *Der Narr in Christo Emanuel Quint* und fuhr etwas erwachsener zurück nach Hause. Das drängende Rufen der Möwen nahm ich mit.

Gisela blieb ein großes Vorbild. Als meine Mutter kurz nach meinem 19. Geburtstag schrecklich früh aus dem Leben ging, erhielt ich eine Briefkarte von Gisela mit dem kurzen Fragesatz: »Du weißt, daß Amrum immer für Dich da ist?« Ich habe sie später oft besucht, auch als ich schon eine eigene Familie, Mann und Sohn, und meine eigene Insel – Irland – gefunden hatte. Vier Jahre vor ihrem Tod – sie wurde fast hundert Jahre alt (!) – schickte sie mir, zusammen mit einigen Zeilen an Beate und mich und einem Gedicht von ihr über »Amrum im Herbst und Winter«, einen der schönsten irischen Romane: *Inselheimat* von Maurice O'Sullivan, in einer liebevoll grünen Dünndruckausgabe von Manesse. Bücher sind auch Menschen.

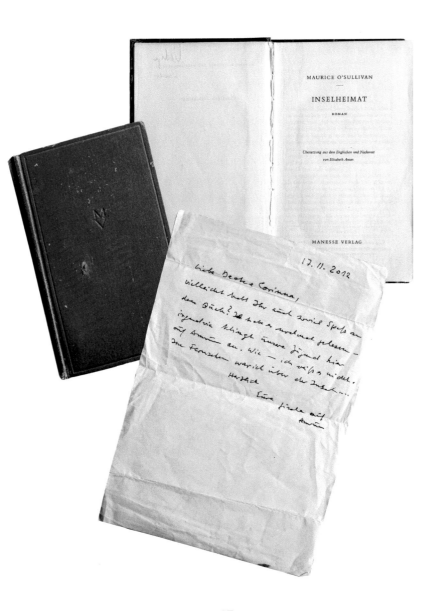

XI

Ein Jugendtraum

»Sie wollen diese schönen Häuser abreißen, der Hamburger Senat wird den 99 Jahre gültigen Denkmalschutz in der Fontenay wohl nicht verlängern ...« – zu Hause am Mittagstisch hatten merkwürdig erhitzte Diskussionen begonnen. Ich hatte den Vater noch nie so wütend und zugleich beleidigt erlebt: »Wenn das geschieht, gehe ich aus Hamburg weg!« Und diese Pläne sollten bald Gestalt annehmen. Immer häufiger war die Rede davon, dass sich Vater nun einen »Jugendtraum« erfüllen wollte: Baden-Baden im Schwarzwald. Du liebes Bisschen, wo war das denn? Das klang vor allem nach Wasser und dunklen Bäumen, und Wilhelm Hauffs Geschichte vom Kalten Herz ... Zunächst aber mussten meine Mutter und ich viele Monate lang die ins Depressive pendelnden Stimmungen des Vaters ertragen. Mutter waren wohl die Hintergründe für die exotische Umzugsidee nicht verborgen, mir wurde das erst später erzählt: Vater hatte in den frühen 1920er Jahren, nach Fertigstellung seiner Doktorarbeit, die vom Einfluss Fjodor Dostojewskis auf den deutschen Naturalismus handelte, mit seiner Jugendfreundin Eva[19] »einige wunderbare Erholungswochen« in dem illustren Kurort verbracht. An dem romantischen Flüsschen mit Namen Oos, im prächtigen Casino und dem Kurhaus an der Lichtentaler Allee war der berühmte Autor des *Spielers* – wie so manch anderer Literat russischer und deutscher Provenienz – bereits im 19. Jahrhundert

---

[19] Eva geb. Hommel trat in den frühen 1920er Jahren unter dem Künstlernamen Eva Boy als Ausdruckstänzerin in München auf, gehörte dann zum Kreis um Lion Feuchtwanger in Berlin und heiratete 1933 den Niederländer Anthony van Hoboken. Während sie Nazideutschland verließ, wurde ihr Vater Conrad Hommel einer der Maler auf der »Gottbegnadeten-Liste« des NS-Regimes.

der Stimulation seiner Leidenschaften gefolgt. Vater hatte sich damals gewünscht: »An diesem Ort möchte ich, wenn ich es mir leisten kann, später meinen Altersruhesitz einnehmen ...« Wollte er sich denn nun wirklich zur Ruhe setzen? Sein Auktionshaus lief doch auf Hochtouren. Oder sollten wir, Mutter und Töchter, stellvertretend für ihn seinen Jugendtraum erfüllen? Der Besuch zur Besichtigung des geplanten neuen Domizils an der Lichtentaler Allee war verbunden mit einem Hotelaufenthalt in der Kurstadt, wo es Schlammbäder zum Eintauchen und Thermalwasser zum Trinken gab. Für eine knapp Zehnjährige fühlte sich das alles skurril an und ließ wenig Vorfreude aufkommen.

Große Brände ...

Im Herbst 1962 behandelten wir in der Schule am Mittelweg die Hanse, den stolzen Städtebund des aufsteigenden Bürgertums. Kaum zu glauben, als wir hörten, dass angeblich die Marzipanstadt Lübeck lange eine wichtigere Rolle gespielt hatte als Hamburg! Bei den Versuchen eine Hanse-Kogge abzuzeichnen, deren Abbildung durch die Bankreihen segelte, scheiterte ich: Hier lag meine Begabung nicht.

Danach war der »Hamburger Brand« als Unterrichtsthema an der Reihe. Der »Großer Brand« genannte Feuersturm hatte im Mai

1842 einen großen Teil der alten Innenstadt vernichtet. Es war ein emotionales Thema; die Bilder aus dem Schulbuch, die vor der Tafel mit Hilfe eines Kartenständers in vergrößerter Form aufgehängt wurden, waren schrecklich: Die Nikolaikirche, das Rathaus, der Freihafen, die Petrikirche – alles in Flammen ... Das Feuer wütete drei Tage lang und war kilometerweit zu sehen – dieser Blick in die Vergangenheit berührte uns und motivierte, zu Hause mehr darüber zu lesen und nachzufragen. Für Vaters nächste Auktion war eine Sammlung sogenannter Hamburgensien, Kupferstiche mit Stadtansichten, eingeliefert worden. Auch vom großen Brand gab es dort einige historische Abbildungen, die aber in ihrer filigranen Darstellung, so fand ich, nicht so viel von dem Schrecken ahnen ließen, den wir in der Schule erfahren hatten.

Doch dann sollte die Gegenwart einen weit größeren Schrecken bereithalten. Am 14. Oktober 1962 begann die sogenannte »Kuba-Krise«, die beinahe zu einem Atomkrieg zwischen den USA und der Sowjetunion eskaliert wäre. Dreizehn Tage lang bewegte sich die Welt am Abgrund und beobachtete die gefährliche Konfrontation zwischen den Supermächten des bis dahin Kalten Krieges. Wir Kinder erlebten, wie die Erwachsenen um uns herum in Angst und Panik gerieten. Es wurden Hamsterkäufe für Nahrungsmittel getätigt, unsere Schule wurde für einige Tage geschlossen. Da wir keinen Fernseher besaßen – Vater hielt das immer noch für ein Medium der »Verdummung« – hingen wir also am Radio. Die Worte des US-Präsidenten John F. Kennedy, gerichtet an sein sowjetisches Gegenüber Nikita Chruschtschow, ließen alle erschaudern: »Wir werden weder voreilig noch unnötigerweise die Folgen eines weltweiten Atomkrieges riskieren, bei dem selbst die Früchte des Sieges nur Asche auf unseren Lippen wären, aber wir werden auch niemals und zu keiner Zeit vor diesem Risiko zurückschrecken, wenn wir uns ihm stellen müssen!«[20]

So trat der Wahnsinn der nuklearen Konfrontation, die euphemistisch »Abschreckung« genannt wurde, erstmals offen vor aller Ohren und Augen zu Tage. Und vielleicht trug auch die Veröffentlichung der Kennedy-Rede mit dazu bei, dass zuletzt die Vernunft der politischen Führungen in Washington und Moskau siegte: Die von beiden Konfliktparteien – seitens der USA in der Türkei, seitens der UdSSR auf Kuba – in Stellung gebrachten Atomraketen wurden zurückgezogen und kurz darauf wurden erste Verhandlungen über internationale Rüstungskontrolle in Gang gebracht. Sehr viel später, im Herbst 2002 wurde auf einer Historikertagung in der kubanischen Hauptstadt Havanna zum 40. Jahrestag der Krise offiziell dokumentiert, dass es wohl der sowjetische Marineoffizier Wassili Archipow war, der die Menschheit vor einem Atomkrieg bewahrt hatte, indem er die Zustimmung zum Abschuss der russischen Tornados verweigert hatte.[21]

---

[20] Rundfunk- und Fernsehansprache von John F. Kennedy am 22. Oktober 1962.

[21] Vgl. bundeswehr-journal vom 21. Juni 2016 (https://www.bundeswehr-journal.de/2016/wassili-archipow-der-mann-der-die-welt-rettete/, abgerufen am 16.6.2022). Vgl. auch das Interview mit der Tochter von Wassili Archipow (†72): »Mein Vater wusste, was er tat«, vom 2. März 2020.

An den ersten Nachmittagen in der Allee, als die Schule wieder begonnen hatte, gab es unter uns Kindern erhitzte Diskussionen, in denen wir spekulierten, was denn gewesen wäre, wenn ... Einige Eltern der Spielkameraden waren Journalisten beim *Stern* oder bei der *Zeit* und so meinten wir – wie die Erwachsenen – »ganz gut Bescheid« zu wissen und hatten doch keine Ahnung.

Die sogenannte »*Spiegel*-Affäre«, die noch in den letzten Tagen der Kuba-Krise begann und nicht nur die Gemüter in Hamburg, sondern in der ganzen Bundesrepublik erregte, offenbarte, wie weit das Thema der atomaren Rüstung inzwischen auch die innenpolitischen Köpfe und Amtsstuben der Republik vergiftet hatte. Die Kritik, die einige *Spiegel*-Redakteure an den Atomwaffen übten, und damit implizit die Abschreckungsdoktrin beziehungsweise die Verteidigungsfähigkeit der Bundeswehr in Frage stellten, brachte ihnen den Vorwurf des Landesverrats und zeitweilige Verhaftungen ein. Erinnerungen an die Angriffe auf die Pressefreiheit im Rahmen des *Weltbühne*-Prozesses, bei dem 1931 auch Carl von Ossietzky verurteilt wurde, wurden wach. Öffentliche Militärkritik führte zu einer seit Weimar und Kriegsende nicht gekannten polarisierten Debatte und politischen Zuspitzung, in deren Folge schließlich der Verteidigungsminister Franz-Josef Strauß aus dem Kabinett von Bundeskanzler Adenauer ausscheiden musste. Der Nachhall der *Spiegel*-Affäre sollte mehrere Jahrzehnte währen. Im Ergebnis befestigte sich eine neue Rolle der Medien in der demokratischen Öffentlichkeit. [22]

---

[22] Vergl. u.a. https://www.anstageslicht.de/themen/history/spiegel-affaere-1962/

XII

Die Nachrichten von den Abrissplänen der Fontenay wurden nun konkreter, ebenso wie die aus Trotz und Jugendtraum geborenen Umzugspläne des Vaters. Sie bedeuteten tatsächlich, dass meine Mutter, meine Schwester und ich nach Baden-Baden umziehen sollten und er uns dort regelmäßig besuchen wollte: Denn das inzwischen arrivierte Auktionshaus würde natürlich – wenn auch an neuer Adresse – in Hamburg bleiben. »In Baden-Baden eröffnen wir eine Dépendance« – das hörte sich französisch an, gemeint war die Eröffnung einer Galerie für Moderne Kunst. Ich sollte mitten aus der vierten Klasse heraus an den neuen Ort und in eine Mädchenschule (!) verpflanzt werden. Der drohende Abschied von Freundin und Freunden machte mir zu schaffen und dämpfte die Erwartungen auf das unbekannte Neue. Ich erinnere mich, dass ich wieder öfter, obwohl es Winter war, Zeit allein im Garten verbrachte, den Weg der Acht entlangging und mich auf die Bank in der Mitte setzte. So wie hier würde es nie mehr werden, das spürte ich. Dass ich den Garten tatsächlich nicht mehr wiedersehen würde, ahnte ich damals noch nicht.

Ein wenig ironisch war es schon, dass eine unserer letzten gemeinsamen Unternehmungen als Familie vor dem Umzug der Besuch von Goethes *Stella* im Hamburger Schauspielhaus war – ich durfte erstmals mit dabei sein, auf dem Premierenabonnement der Eltern. Die spannungsgeladene Atmosphäre vor dem roten Samtvorhang und der Geruch der Bühne, wenn der Vorhang beiseite gezogen wurde – beides kannte ich schon von den Weihnachtsmärchen – gefielen mir sehr, begründeten eine spätere Lust am Theater. Aber der Inhalt von *Stella*, diesem »Schauspiel für Liebende«, einem Drama aus polygamer Verstrickung, Verzicht und Flucht, ließ mich etwas ratlos im Theatersessel sitzen. Mit der Geschichte vom geschnitzten *Pinocchio* und den Folgen des Lügens aus dem Weihnachtsmärchen des vergangenen Jahres hatte ich mehr anfangen können. Vielleicht lag es auch daran, dass ich an dem *Stella*-Abend etwas Fieber hatte oder einfach zu jung war für die Unwägbarkeiten der Liebe. Aber auch Mutter schien nicht nur begeistert von der sicherlich großartigen Inszenierung. Auf der Rückfahrt im Taxi wurde nicht viel gesprochen.

Wenige Wochen später kamen »die Packer« mit starken Armen und vielen Lederriemen; sie schleppten unter Ächzen und Schweißausbrüchen, die man riechen konnte, den *Bechstein* und viele, viele Bücherkartons die Treppen hinunter und luden alles in zwei riesige LKW. Mutter und ich nahmen am nächsten Tag den Schlafwagen gen Süden. Vater fuhr mit dem Auto und legte den ersten einer Serie von Geschwindigkeitsrekorden auf der 660 km langen Strecke Hamburg – Baden-Baden vor: fünf Stunden, vierzig Minuten!

Dieses Limit sollte in den kommenden Jahren immer wieder unterboten werden; zweimal überschlug sich Vater dabei auf der Autobahn, weil er am Steuer einschlief ... Die schlimmste Folge dieser Raserei war ein gebrochenes Schlüsselbein – ein uns unbekannter Schutzengel musste seine Schwingen ausgebreitet haben. Der 62-jährige hatte erst wenige Jahre zuvor den Führerschein gemacht und war kein guter Fahrer mehr geworden. So waren wir ganz froh, auf der Jungfernfahrt nach Baden-Baden nicht mit unserem sonst so geräumigen »Kapitän« (der Luxuskarosse von *Opel*) zu reisen.

Dass ich in Baden-Baden die Schwester wiedersehen würde, war aber etwas, worauf ich mich freute. Sie war schon vor unserer Ankunft von ihrer Insel direkt in den Schwarzwald umgesiedelt und wohnte bereits seit einigen Wochen bei Freunden, um den richtigen Einschulungstermin in die Oberstufe des neusprachlichen Gymnasiums nicht zu verpassen. Sie musste dafür vier Jahre Französisch nachholen. Denn Baden-Baden beherbergte damals in einem eigenen Stadtteil, der *Cité*, mit etwa zehntausend Soldaten und deren Angehörigen das Hauptquartier der französischen Besatzungsstreitkräfte. Anders als im Norden war hier deshalb Französisch die erste Fremdsprache an den Gymnasien.

Im schwülen Sommer von 1963, als wir in das ehemalige Gästehaus eines russischen Großfürsten in Baden-Baden einzogen, trat der

Elysee-Vertrag, unterzeichnet von Konrad Adenauer und Charles de Gaulle, in Kraft, der die lange »Erbfeindschaft« zwischen Frankreich und Deutschland beenden sollte. Und US-Präsident John F. Kennedy verkündete bei seinem Deutschlandbesuch an der Mauer, er sei »ein Berliner«.

* * *

Meine Hamburger Kindheit war zu Ende. Mutter würde mich durch die wilden Teenager-Jahre in Baden-Baden begleiten, und manchmal begleitete ich auch sie ... Vater kam dann und wann zu Besuch, vor allem zu den Ausstellungseröffnungen der schnell an Renommee gewinnenden Kunstgalerie. Meist blieb er aber an der Hamburger Alster. 1967 eröffnete er ein neues Haus für die Auktionen – das erste »eigene«(!) – im gerade chic werdenden Hamburger Stadtteil Pöseldorf, etwa einen Kilometer Luftlinie von der Fontenay entfernt.

Epilog I

Der Garten meiner Kindheit war mir im Sommer 2006 in einem Traum wiedererschienen. Darin hatte es einen schweren Flugzeugabsturz über der Hamburger Innenstadt gegeben. Aus den großen Schaufenstern des Alsterhauses am Jungfernstieg schlugen hohe Flammen; schwarze Rauchwolken nahmen Sicht und Atem. Gebäudeteile, Glas und Mauerwerk flogen durch die Luft, Menschen stürzten übereinander. Verletzte steckten zwischen zusammengepressten Autos. Kein Durchkommen für die Feuerwehren und blinkenden Notarztwagen. Das Sirenengeheul – lautlos für die Ohren der Träumerin. War das Krieg? Ein terroristischer Anschlag? Waren Atomwaffen gezündet worden? Große Angst hing über uns allen. Bloß weg von hier. Ohne zurückzublicken, aber seltsam geordnet, in Zweierreihen, lief ich mit einigen guten Freunden aus Studientagen, ich erinnere die Gesichter von Kristina, Jerry und Maxi, am Hotel *Vier Jahreszeiten* die Binnenalster entlang. Wir überquerten die Kennedy-Brücke. Ein schweigender Marsch, vorbei am amerikanischen Generalkonsulat, dem *White House* der Hansestadt, das aussah wie immer: umgeben von vielen Spanischen Reitern, der metallenen Abwehr gegen potenzielle Demonstranten. Aber wir achteten nicht darauf. Auf der Suche nach Schutz bogen wir – vorbei am Kriegerdenkmal – in die Fontenay ein. Das Tor zu meinem Elternhaus stand offen, durch den Vorgarten und links an der Eingangstür vorbei verlief noch immer der alte mit Steinplatten bedeckte Sandweg. Hinterm Haus und vor uns lag das Wiesenrund der Acht. Wir ließen uns unter der Blutbuche nieder. Einige blickten nach oben, der Feuerschein über der City war weit weg. Andere begannen sich zu unterhalten. Die Angst war verflogen, wir hatten unsere Sprache wieder gefunden – und ich den Garten meiner Kindheit.

Epilog II

Irgendwann in den turbulenten späten 1960er Jahren hatte ich den Garten überlebt – und vergessen. Während ich in das soziale Gefüge der Studentenbewegung eintauchte, war er, von mir unbemerkt, untergegangen. An die Stelle der Acht und der wunderbaren Blutbuche waren die Kücheneinfahrt und die Parkplätze für eins der größten und hässlichsten amerikanischen Hotels, das *InterContinental*, geschoben worden, das 1972 seine Tore öffnete. Über vierzig Jahre lang sollte es Geschäftsreisenden und wohlhabenden Touristen der Hansestadt eine angemessene Unterkunft bieten: Fünf-Sterne-Blick auf die Außenalster. Bis der Insolvenzverwalter im Januar 2013 das Haus schließen ließ: »Der bauliche Zustand lasse einen weiteren Hotelbetrieb nicht zu, die Sicherheit für Gäste und Mitarbeiter hätten Vorrang ...«

Inzwischen steht dort, eröffnet im Jahr 2018, das Luxushotel *The Fontenay* mit allem was ein wachstumsfreudiges Herz begehrt. Auf der Wiese vor dem Hotel, die ohne Zäune in den Fußweg zur Außenalster übergeht, fahren, mindestens im Sommer, sechzehn Stunden am Tag Rasenmäher-Roboter, die automatisch beidrehen, wo sie eine Begrenzung ihres Auftrages imaginieren. Künstliche Intelligenz im Garten. Die Gärtner der neuen Zeit könnten – mit etwas Phantasie – große Schildkröten sein...

Der Namensgeber des Viertels John Fontenay steht vergleichs-
weise bescheiden und mit einem an eine Urne erinnernden Gefäß
auf dem Kopf zwischen dem nach ihm benannten, gigantomanen
Hotel und dem Kriegerdenkmal, das an den deutsch-französischen
Krieg von 1870/71 erinnert: »DEN TAPFEREN SÖHNEN – DIE
DANKBARE VATERSTADT«. Anders als zu Napoleons Zeiten,
der Hamburg für dreieinhalb Jahre (1811-1814) unter französische
Herrschaft brachte, waren die Franzosen in jenem Jahr von den
deutschen Soldaten besiegt worden, wenn auch nicht in Hamburg,
sondern in Sedan.

Im Ergebnis dieses Krieges ging das Zweite Französische Kaiserreich unter und machte der Dritten Republik Platz – nicht ohne den kurzen Ausflug in die revolutionären Tage der *Pariser Commune*. Die Deutschen gründeten ihr erstes Reich mit einem Kanzler und einem Kaiser aus Preußen. Die Armee war zum Geburtshelfer nationaler Einheit geworden.

* * *

Schließlich konnte, wenn auch nicht ganz zweifelsfrei, die Frage geklärt werden, ob »unsere Blutbuche« immer in einem Garten gestanden hatte. Die Dokumente der heute noch im Viertel beheimateten Familienstiftung *John Fontenay's Testament*[23] lassen erkennen, dass durch die Besiedelung des parkartigen Geländes »But'n Dammtor« im Auftrag John Fontenays ab etwa 1820 nach und nach die Grundstücke mit Villen und Gärten entstanden, zu denen wohl auch unser Garten gehörte. Vielleicht hatte die Blutbuche schon vorher in dem Parkgelände gestanden, vielleicht war sie aber auch erst in diesen Garten gepflanzt worden. Dann wäre sie damals, als sie auf dem Hügel unserer Acht stand und uns manchmal vor den Augen der Erwachsenen Schutz bot, nicht »fast zweihundert Jahre,« sondern nur etwas über einhundert Jahre alt gewesen. Wer weiß ...

---

[23] https://www.john-fontenay.de/

DANK

Für nachhaltige Ermunterung, mentale Begleitung und Unterstützung bei diesem mehrjährigen Projekt sowie für zahlreiche hilfreiche Hinweise möchte ich den Familienmitgliedern, Freundinnen und Freunden aus alten und heutigen Tagen danken, die zumeist auch im Text Erwähnung finden.

Sandra Mrozowski (Layout) und Beate Kohmann (Lektorat) haben sich höchst verdienstvoll um die Gestaltung des kleinen Werkes gekümmert. Ein besonders herzlicher Dank geht an die großartige Grafikerin Uschi Dix und an Hans Gützlaff, den guten Freund seit den ersten Baden-Badener Jahren. Ohne Eure liebevolle Ermutigung, den gleichen Sinn für Bücher und die *Spirits* Eures Medienhauses hätte ich mich nicht auf den Weg des Selbstverlages gewagt, der schließlich zur Veröffentlichung einer recht privaten Geschichte geführt hat.